经济学课程思政案例集

侯俊军　曹二保——主编

湖南大学出版社
·长沙·

图书在版编目（CIP）数据

经济学课程思政案例集／侯俊军，曹二保主编. --长沙：湖南大学出版社，
2024.8. --ISBN 978-7-5667-3639-0

Ⅰ. G641

中国国家版本馆 CIP 数据核字第 2024L7J832 号

经济学课程思政案例集
JINGJIXUE KECHENG SIZHENG ANLI JI

主　　编：侯俊军　曹二保	
责任编辑：谌鹏飞	
印　　装：长沙鸿和印务有限公司	
开　　本：710 mm×1000 mm　1/16	印　张：15.5　字　数：200 千字
版　　次：2024 年 8 月第 1 版	印　次：2024 年 8 月第 1 次印刷
书　　号：ISBN 978-7-5667-3639-0	
定　　价：68.00 元	

出 版 人：李文邦
出版发行：湖南大学出版社
社　　址：湖南·长沙·岳麓山　　　邮　　编：410082
电　　话：0731-88822559（营销部），88821691（编辑室），88821006（出版部）
传　　真：0731-88822264（总编室）
网　　址：http://press.hnu.edu.cn
电子邮箱：presschenpf@qq.com

前　言

　　党的二十届三中全会审议通过的《中共中央关于进一步全面深化改革、推进中国式现代化的决定》，立足继续完善和发展中国特色社会主义制度、推进国家治理体系和治理能力现代化的战略高度，对"推动理想信念教育常态化制度化"作出部署安排。课程思政是思政课程的拓展与延伸，要求将思想政治教育贯穿于人才培养体系的全过程，体现了"大思政"的教育理念。在高等教育领域，课程思政构成了高素质人才培养体系中的重要一环。经济学课程思政建设是全面提高经济学人才培养质量的重要任务。经济学课程思政将价值塑造、知识传授和能力培养有机结合，为构建经济学"三全育人"体系提供了有力支撑。

　　《经济学课程思政案例集》深入贯彻落实习近平总书记对思政课程和课程思政的要求，以湖南大学经济学相关课程为例，简要论述如何立足高等教育进入全面提质新阶段，深化改革创新，推动高校课程思政建设走深走实，并以课程思政案例集的形式进一步落实中央对上好思政课、做好课程思政工作的基本要求。本书由湖南大学经济与贸易学院组织一线教师编写，以教案的形式对经济学科包含的相关课程进行了描述，将经济问题与国家战略和现实需求相结合，增强学生的家国情怀和责任担当意识，培养学生提出问题并独立解决问题的能力，对教学中可能穿插的思政内容做了总结，具有较好的启发性。

全书从课程思政入手，对专业思政、课程思政进行一体化设计，思考了如何在经济学专业课中加入思政内容，如何实现全方位育人，培养学生思想政治理论素养的问题。探讨了在教学中如何根据不同专业特点，突出专业特色，分类推进，实现课程思政全覆盖。引导教师围绕学习习近平新时代中国特色社会主义思想，把握中国特色社会主义经济理论体系和话语体系，强化中国视角、中国立场，讲好中国故事。

编　者

2024 年 8 月

目　次

第四编　数字经济专业课程思政案例

第一编

国际经济与贸易专业
课程思政案例

出口补贴政策

主讲教师

邓玉萍，经济学博士，湖南大学经济与贸易学院副教授，主要研究方向为国际贸易学、区域经济学、资源环境经济学。

范子杰，经济学博士，湖南大学经济与贸易学院副教授，主要研究方向为全球价值链与贸易增长、开放型经济与改革、自由贸易区、全球化与逆全球化、中美贸易摩擦、贸易政策评估与结构模型量化分析。

何　昱，经济学博士，湖南大学经济与贸易学院副教授，主要研究方向为可计算一般均衡模型、教育、劳动就业。

王连芬，技术经济与管理博士，湖南大学经济与贸易学院副教授，主要研究方向为产业经济学、环境经济学、国际经济与贸易。

一、课程信息

1．课程名称

国际贸易学。

2．课程类型

基础型课程。

3．授课对象

经济学、管理学、金融学、国际经济与贸易专业本科二年级学生。

4．知识点

出口补贴政策。

5．教学课时

4 学时。

二、教学目标

1．知识目标

讲授出口补贴理论和出口补贴的现实应用。

2．技能目标

理解出口补贴的经济理论，理性思考现实政策与理论的区别，培养学生理论联系实际和独立思考的能力。

3．思政目标

同样的出口补贴政策在不同国家服务于不同的目标群体，体现国家政体的差别。我国政府对小微出口企业的各种补贴政策体现了中国共产党对广大人民利益的普遍关心；而在美国等议会制国家中，出口补贴成为利益集团争夺和游说的对象，与中国的出口补贴形成鲜明的对比。

三、教学重点与难点

1. 教学重点

（1）了解出口补贴的概念和分类，以及国家使用出口补贴的动因。

（2）掌握大国和小国使用出口补贴的经济效应。

（3）理解出口补贴政策的应用。

2. 教学难点

（1）大国和小国使用出口补贴的经济效应。

（2）大国和小国对出口补贴政策的应用及其现实影响。

四、案例介绍

1. 基本经济理论

出口补贴理论主要涉及两个不同的获益者，即本国出口商和国外消费者，补贴比例由出口产品的供需弹性决定。出口补贴一方面扭曲了价格，使国内资源向出口企业倾斜，另一方面变相给国外消费者发钱购买本国产品。因此，多数经济学者对出口补贴持反对意见。出口补贴既有对出口产品的直接金钱补贴，也有其他政策支持和优惠方式。

2. 现实场景

全球新冠疫情暴发以来，国际政局动荡，外贸企业发展环境存在诸

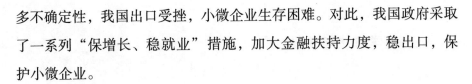

多不确定性，我国出口受挫，小微企业生存困难。对此，我国政府采取了一系列"保增长、稳就业"措施，加大金融扶持力度，稳出口，保护小微企业。

3. 具体政策

出口补贴政策主要包括出口增量补贴、出口信用保险补贴、国际贸易专项补助、境外展会补贴、电商补贴等。

4. 中国出口补贴的政策目标

作为战略性贸易政策，早期国家和地方政府为纺织品和机电产品提供出口补贴，能促进行业发展。如今，我国采用多种补贴形式，以实现经济平稳运行、稳定就业的目标，着力于保护广大人民的利益。

5. 美国出口补贴的政策目标

在美国，以行业协会为首的利益集团游说议会，游说更具煽动性、代表的选民更多的一方更容易获得出口补贴。例如，美国多年来巨额的农业补贴，代表了农场主的利益。

6. 结论

（1）出口补贴虽然会补贴国外消费者，但有时也是稳定经济的政策工具。

（2）中国出口补贴政策的目的在于维护广大人民的利益，特别是出口行业就业人员的切身利益；美国等议会制国家出台的补贴政策，是利益集团和政党博弈的产物。

五、教学方法与手段

以布鲁姆的教育目标分类理论为指导，基于 BOPPPS 模型进行课堂教学设计，灵活运用多媒体教学课件、案例视频、雨课堂等辅助教学工具，并有机结合小组合作探究法、多维互动教学法、比较分析法等教学方法，与时事紧密结合，引导学生掌握相关知识点。通过教学互动，增强学生的理解和创新思维能力；通过图表的可视化分析，更加直观地明确小国和大国出口补贴的经济效应演化；通过有趣的图片展示将补贴概念生活化，引导学生进行独立思考和判断，激发学生探索问题的欲望。

六、教学实施过程

首先，积极引导学生回忆微观经济学理论中的补贴政策，引出本章需要学习的内容，即出口补贴政策。

其次，提出问题"既然多数经济学家反对出口补贴政策，那么为什么很多国家又采用了这种政策"，引出我们的思政案例。

最后，结合现实情况，介绍中国政府在新冠疫情期间如何采取一系列的出口补贴措施维护出口企业利益；引导同学们理性思考中国政府采取的出口补贴政策，特别是与欧美等国采取的补贴政策有何区别，使同学们充分认识到中国共产党执政为民、以最广大人民利益为出发点的执政理念。

为此，本部分考察面对固定不变的世界价格时，母国进行出口补贴的福利效应，在此基础上进一步考察母国为大国并能够影响世界价格时实行出口补贴的影响差异。具体实施步骤如下。

第一步：充分讲解出口补贴对价格、出口和福利的影响。

当政府对母国生产者给予出口补贴时，生产者的供给曲线会发生移动，从而导致均衡价格和均衡产量也发生变化。但是，出口补贴引致的生产者、消费者和政府的贸易利得是否也存在显著差别？出口补贴造成的无谓损失到底是由哪一方承担的？生产者和消费者承担的无谓损失之间存在怎样的关系？对上述问题的精准分析有助于更为透彻地理解出口补贴的福利效应。

针对上述问题，本部分主要通过引入生产者剩余、消费者剩余等概念来进行论述。

1. 中国为出口规模小国时的出口补贴

自由贸易条件下，当世界市场价格为 P^W 时，中国对该产品供应量为 S_1，需求量为 D_1，超额供给 S_1-D_1 通过出口予以消化。如果自由贸易下的价格为 P^A，国内供求平衡，出口量为零，如图 1 所示。

假设为了刺激出口，政府对单位出口商品给予补贴 s，推动国内市场上单位商品价格上涨到 P^W+s。由于出口规模小国无法影响世界市场价格，原则上国内消费者以 P^W 的价格从国外进口而不是从当地购买。假设政府对该产品实施等于或高于出口补贴的进口关税，此时中国供给量从 S_1 增大到 S_2，需求量则从 D_1 下降到 D_2，出口量为 S_2-D_2。由于单位出口的边际成本恰好减少 s，补贴造成的无谓损失是三角形 $b+d$，即消费者损失 b 和生产者损失 d 的总和，如图 2 所示。

小结：从出口规模小国来看，出口补贴提高了价格和出口数量。但从全世界来看，出口补贴导致出口供给增加，并在世界市场价格不变的

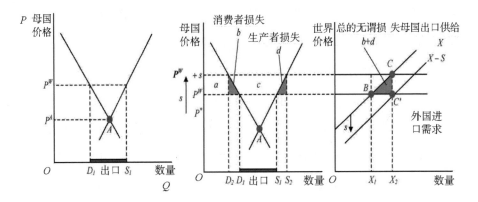

图1 出口补贴前的市场均衡　　　**图2 出口补贴后的市场均衡**

条件下出口供给曲线下移补贴金额 s。因此，出口规模小国的出口补贴导致本国生产者受益、消费者受损，外国消费者受益，如图3所示。

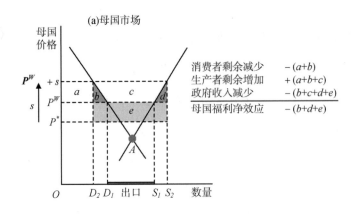

图3 出口规模小国出口补贴的母国福利效应

2. 中国为出口规模大国时的出口补贴

假设中国是国际市场上该产品的一个足够大的销售者，以至其补贴会影响产品的世界市场价格。政府对单位出口商品给予补贴 s，导致出口供给曲线向下移动 s，原出口供给曲线 X 和新出口供给曲线 $X-s$ 之间的垂直距离正好是补贴金额 s。中国出口供给曲线 $X-s$ 和外国进口需求

曲线 M^* 的新交点，与新的世界市场价格 P^* 和新的出口价格 P^*+s 相对应。

此时，该产品价格从 P^W 上涨至 P^*+s，中国需求量从 D_1 减少至 D_2，中国供给量从 S_1 增加至 S_2。中国的无谓损失为三角形 $(b+d)$ 区域，但中国还有 e 区域的贸易条件损失，如图4所示。

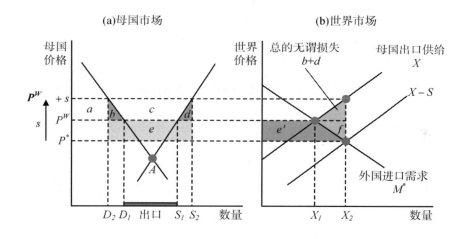

图4　出口规模大国出口补贴引致的市场均衡

在世界市场上，中国的出口补贴使得出口供给曲线从图4（b）中的 X 移动至 $X-S$，世界市场价格从 P^W 下降到 P^*，外国获得消费者剩余 e'，因此补贴产生的世界无谓损失为 $(b+d+f)$ 区域。其中 f 区域是由补贴引起的额外的世界无谓损失，它之所以产生，是因为母国的贸易条件损失没有完全被外国的贸易条件利得所抵消。f 区域还意味着，使用出口补贴以增加母国生产并把多余的出口产品卖到海外，是一种在各国间转移贸易所得的无效方法。

小结：从出口规模大国来看，出口补贴提高了产品的价格和出口数量，从而导致本国消费者受损、生产者受益。但从全世界来看，出口补贴导致出口供给增加，并在降低世界市场价格的条件下，出口供给曲线

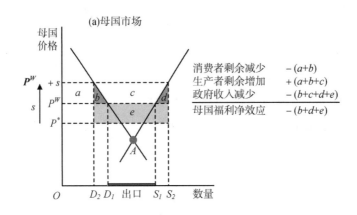

(a)母国市场

消费者剩余减少 − (a+b)
生产者剩余增加 + (a+b+c)
政府收入减少 − (b+c+d+e)
母国福利净效应 − (b+d+e)

图5 大国出口补贴引致的母国福利效应

下移补贴金额 s。同时，由于外国进口品下降，外国消费者受益，如图5所示。

第二步：介绍近年来我国实施的各类出口补贴政策，结合原理说明效果，突出中国共产党以最广大人民利益为出发点的特征。

自2000年以来，国务院、商务部、财政部、海关总署和税务总局，以及北京、上海、云南、福建、浙江和江苏等省市，发布多项促进出口的政策措施。

2020年2月18日，商务部发布通知，要求积极做好稳外贸稳外资促消费工作，并提出二十点要求。其中，第二十条规定：要发挥好财政资金作用。财政部门抓紧安排使用提前下达的年度中央财政专项资金，加大结存资金统筹使用力度，用好地方配套资金，带动社会资本，全力支持稳外贸稳外资促消费。外经贸发展专项资金可向受疫情影响较大的领域倾斜，重点支持企业开拓国际市场、以政银保合作方式加大贸易融资支持、外商投资促进服务、开放平台吸引外资、"一带一路"投资合作等。

2020 年 3 月 17 日，财政部和税务总局联合发布了《关于提高部分产品出口退税率的公告》，通过提高部分产品的出口退税率，扩大有关优惠政策试点范围等措施，政府希望能够支持出口企业，增强其竞争力，并促进外贸稳定发展。公告决定自 2020 年 3 月 20 日起提高 1464 项产品出口退税率。经过调整，除"高耗能、高污染和资源性"产品外，所有出口产品的退税率均与征税率一致，实现了出口产品的零税率。具体来说，在这次调整中，有 380 项产品的出口退税率提高到了 9%，另有 1084 项产品的出口退税率提高到了 13%。这样的调整有助于促进出口，有助于减少企业的运营成本，增强其国际竞争能力，同时也给出口商带来了很大的信心。同时，为了方便出口企业申报、加快出口退税办理，税务部门还出台了一系列的便利化措施，以保证"减税费优服务，促进企业复工复产"的实施。

2020 年 3 月 20 日，财政部出台免征部分行政事业性收费和政府性基金政策，免征进出口货物港口建设费，并减半征收船舶油污损害赔偿基金。此项政策的实施时间为 2020 年 3 月 1 日零点，截至 2020 年 6 月 30 日，具体时间以船到港和出港的时间为准。对于符合减免条件但缴费人已经缴纳的，由海事局通过核定的有关银行账户为其办理退款手续，或者从缴费人应缴税款中扣除。

鉴于世界经济严重衰退，我国外贸外资面临复杂严峻形势，2020 年 8 月 5 日，国务院发布了《国务院办公厅关于进一步做好稳外贸稳外资工作的意见》，提出 15 项稳外贸稳外资政策措施，有利于做好"六稳"工作，落实"六保"任务，进一步加强稳外贸稳外资工作，稳住外贸主体，稳住产业链供应链。其中，第四项是进一步扩大对中小微外贸企业出口信贷投放，更好地发挥金融支持作用，缓解融资难、融资贵问题。第十二项是给予重点外资企业金融支持。外资企业同等适用 1.5 万亿元再贷款再贴现专项额度支持。加大对重点外资企业的金融支持力度，进出口银行 5700 亿元新增贷款规模可用于积极支持符合条件的重点外资企业。各省区市商务主管部门摸清辖区内重点外资企业融资需求及经营情况，及时与银行业金融机构共享重点外资企业信息，加强各地外资企业协会等机构与银行业金融机构的合作，推动开展"银企对接"，银行业金融机构按市场化原则积极保障重点外资企业融资需求。

2020 年 11 月 2 日，财政部、海关总署和税务总局发布关于出口退运货物税收规定的公告，内容包括：

（1）对自 2020 年 1 月 1 日起至 2020 年 12 月 31 日申报出口，自出口之日起 1 年内原状复运进境的货物，不征收进口关税和进口环节增值税、消费税，出口时已征收出口关税的，退还出口关税。

（2）对符合第一条规定的货物，已办理出口退税的，按现行规定补缴已退（免）增值税、消费税税款。

（3）自公告发布之日起，符合第一条规定的退运货物申报进口时，企业向海关申请办理不征税手续的，应当事先取得主管税务机关出具的出口货物已补税（未退税）证明。

（4）自 2020 年 1 月 1 日起至公告发布之日，符合第一条规定的退运货物已征收的进口关税和进口环节增值税、消费税，依企业申请予以退还。其中，未申报抵扣进口环节增值税、消费税的，向海关申请办理退还已征进口关税和进口环节增值税、消费税手续；已申报抵扣进口环节增值税、消费税的，仅向海关申请办理退还已征进口关税。进口收货人应在 2021 年 6 月 30 日前向海关办理退税手续。

（5）符合第一条、第三条和第四条规定的货物，进口收货人应提交退运原因书面说明。

2022 年 4 月 20 日，财政部等十部门联合下发了《关于进一步加大出口退税支持力度促进外贸平稳发展的通知》。为了帮助外贸企业克服困难，推动进出口稳定发展，更好地使出口退税这种普惠公平、与国际规则相一致的政策发挥作用，还需要在各个层面上对外贸经营环境进行优化。在聚焦政策纾困、着力减轻出口企业负担方面，《关于进一步加大出口退税支持力度促进外贸平稳发展的通知》明确了三项支持政策：强化出口信用保险与出口退税政策衔接，将保险赔款视同收汇予以办理退税；改进加工贸易出口退税政策，以前由于出口商品销售退税率不同导致不能抵扣的部分，如今可以转到进项税额抵扣；充分发挥退税政策的潜能，不断拓宽政策覆盖面，优化退税款店铺的布局，积极推进便利化措施。在聚焦便捷退税、着力提高资金流转效率方面，《关于进一步加大出口退税支持力度促进外贸平稳发展的通知》提出了七项便利举措：大力推广出口业务"非接触"办理，做到出口退税申报、审核、反馈全程网上办；强化数据共享，进一步精简出口退税报送资料；鼓励企业根据自己的实际情况，灵活地选择数字化、图像或纸质形式保存单证；继续提高智能化出口退税申报率，推动实现报关单、发票信息"免填报"；提高出口退税办理质效，2022 年全国办理正常退税的平均时间压缩至 6 个工作日内；深化海关、税务部门合作，提高出口货物退运通关效率；对出口退税业务进行优化和简化，实行现场查验"容缺办理"，积极推进出口退税证件全程无纸化，有效提升退税办理质效，加快出口企业资金周转。在聚焦优化环境、着力促进外贸平稳发展方面，《关于进一步加大出口退税支持力度促进外贸平稳发展的通知》推出了五项支持措施：丰富宣传渠道及精准提醒内容，引导企业提高出口

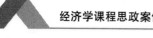

业务办理效率；支持跨境电商健康持续创新发展；简化外贸综合服务企业集中代办退税备案流程，为外贸综合服务企业发展创造便利条件；加强信用共享引导企业诚信经营，对于已修复纳税信用的企业，允许重新评定出口退税分类管理类别；强化部门协作并加大对虚开骗税的联合打击力度，积极营造公平公正的营商环境。

第三步：讲解美国出口补贴政策的特点，美国政体对其政策的影响。

2020年新冠疫情期间，全球贸易受到严重冲击。美国出口总金额降低了13%，但农产品出口逆势增长7%，达到1704.9亿美元，居世界第一（世界银行，2021）。美国的农业一直是政府重点补贴的对象，历年补贴金额居各行业首位。根据美国农业部网站数据（2022）：2019年特朗普政府在中美贸易摩擦期间直接补贴了225亿美元，2020年更是补贴到467亿美元（含235亿美元新冠农业援助）。在巨额补贴支持下，美国农产品价格一直低于世界农产品均价，成为世界头号农产品出口国。

美国农业人口只占1%，却能够说服国会获得最多的行业补贴，这与美国的议会选举制度有关。美国有力量强大的农业协会，比如北美谷物出口协会、全国小麦生产者协会、大陆谷物公司等。这些大的协会能够在议会中找到自己的利益代言人，在国会中提出符合农业发展和农户利益的提案。并且，协会为议员竞选提供经费支持，成为议员背后的"金主"。农户也有代表自己利益的政党（平民党），能够在议会中直接提案。所以，美国特殊的民主制和政党政治催生出扭曲的经济政策。

七、考核与评价方式

1. 类型

雨课堂互动提问或小组研讨。

2. 时长

雨课堂互动提问 10 分钟，小组研讨 15 分钟。

3. 目标

测试学生学习态度、理论学习水平和运用理论分析解决实际问题的能力。

4. 评价标准

通过回答问题的态度、质量，考察其自学能力、对理论的理解程度和分析解决问题的能力。

八、实施成效

在深入挖掘出口补贴蕴含的思政元素基础上，结合本课程交叉学科知识架构，设计能够深度融合国际贸易知识和思政元素的教学案例，进一步形成由引入型案例到知识点精讲，再到引申型案例的"案例引入+知识精讲+案例引申"沙漏型课程思政教学设计，有效达成课程教学在知识传授和价值塑造等层级的育人目标。

1. 课程知识方面

让学生明白出口补贴理论和出口补贴的现实应用，理解出口补贴对母国和世界福利的影响，理性思考现实政策与纯理论的区别，培养学生理论联系实际和独立思考的能力。

2. 思政教学方面

对案例的讲解分析以及同学间的互动讨论，使学生了解同样的出口补贴政策在不同国家服务于不同的目标群体，体现国家政体的差别。我国政府对小微出口企业的各种补贴政策体现了中国共产党对最广大人民利益的普遍关心。这与在美国等议会制国家，出口补贴成为利益集团争夺和游说对象，形成鲜明的对比。本节课不仅帮助学生构建交叉复合型知识架构，而且着力于建立个人价值与国家发展、社会需求之间的密切联系，推动专业教学与课程思政同向同行。

推荐文献

[1] 芬斯特拉，泰勒. 国际贸易：第三版 ［M］. 张友仁，等译. 北京：中国人民大学出版社，2017.

[2] 余淼杰. 理论、政策与实证 ［M］. 2 版. 北京：北京大学出版社，2021.

"一带一路"倡议：中国智慧和力量[*]

主讲教师

　　王腊芳，经济学博士，湖南大学经济与贸易学院教授，主要研究方向为产业发展与环境保护、全球价值链与投资。

---

　　* 参与撰写人：何淑华，经济学博士，湖南大学经济与贸易学院助理教授。

一、课程信息

1. 课程名称

国际经济学。

2. 课程类型

研究型课程。

3. 授课对象

国际经济与贸易、经济学、财政学专业学生。

4. 知识点

区域合作、区域一体化。

5. 教学课时

1 学时。

二、教学目标

1. 知识目标

掌握"一带一路"倡议提出的背景、建设方案和逻辑；知道"一带一路"倡议具有哪些理论价值；能说清楚"一带一路"倡议的国际合作机制。

2. 技能目标

能正确理解"一带一路"是"高水平开放之路""可持续发展之路""惠民生幸福之路"；知道分析为何"一带一路"倡议不仅能促进

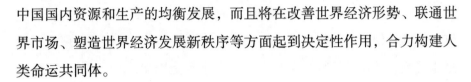

中国国内资源和生产的均衡发展，而且将在改善世界经济形势、联通世界市场、塑造世界经济发展新秩序等方面起到决定性作用，合力构建人类命运共同体。

3. 思政目标

"一带一路"倡议为全人类共同发展提供中国方案，体现了和平合作、开放包容、互学互鉴、互利共赢的丝路精神、大国责任与胸怀。

三、教学重点与难点

1. 教学重点

（1）需要掌握的内容。

首先，地缘政治之变。二战后，全球格局经历了从两极格局到单极格局，再到"一超多强"的多极化格局的转变。地缘政治呈现碎片化趋势，国家间缺乏协调，导致区域组织文化冲突增加（如美国频繁退群、英国脱欧、俄乌冲突、巴以冲突等），全球贸易保护主义倾向加剧，地区主义兴起（很多国家和地区倾向于强调本土文化、语言和传统，民族主义和分裂倾向并存），国际秩序和治理多极化趋势明显。[①] 可以看出，虽然当前国际秩序仍然是由美欧主导，但越来越多国家，尤其是"一带一路"倡议沿线国家和地区逐渐走向自主。和平赤字冲击美欧主导的国际秩序，增加发展中国家的代表性和话语权的呼声越来越高。"一带一路"倡议恰好加强了发展中国家制度性话语权，公平、公正、合理的大区域治理体系日渐完善。

其次，贸易之变。西方国家凭借其技术和资本优势，不仅占据着全

---

① 《2023 年全球风险报告》，世界经济论坛（WEF）。

球产业链的顶端，还能对全球最优质原材料进行采购与加工生产，通过支配市场，创造了超额利润。相比之下，发展中国家的商业发展水平远逊于美欧，其比较优势产品被西方以各种手段遏制发展，而其发展急需的高技术产品则被西方以各种借口管束出口。"一带一路"倡议和平合作、开放包容、互学互鉴、互利共赢的丝路精神，彻底改变了发展中国家所处的不利局面。中国帮助"一带一路"沿线国家建设各种基础设施，打造科技园、工业园，不断完善双边和多边合作机制，不断创新贸易方式（如丝路电商、境外经贸合作①等），推动包括拉美国家在内的发展中国家可持续发展与经济繁荣。"一带一路"倡议以共商共建共享原则，彻底打破了美欧主导下固化的贸易结构，体现了共同富裕的伟大思想，为全球治理贡献了中国实践和中国智慧。

再次，货币体系之变。截至 2023 年 6 月，美元在全球货币支付中的占比约为 46.5%，② 在全球外汇储备中占比达到 62.25%（曾高达71%）。③ 美元霸权极致的背后是美元霸权瓦解的暗流。正因为全球货币体系以美元为中心，并在消费国、生产国、资源国之间形成美元环流，美国可以非常轻易地利用超常规货币政策转嫁国内危机、收割世界财富。这种结算和储备货币弊端，使得世界上很多国家出于减少金融风险并维护国家经济安全的需要，主动抛售美元和美债。④ "一带一路"实行多元化国际货币体系，越来越多国家主张使用人民币等美元之外的

---

① 据统计，截至 2021 年末，境外经贸合作区分布在 46 个国家，累计投资 507 亿美元，上缴东道国税费 66 亿美元，为当地创造 39.2 万个就业岗位。

② 国际清算银行（BIS）。

③ 2023 年 6 月，国际货币基金组织（IMF）发布的外汇储备数据。

④ 根据美国财政部数据，截至 2023 年 8 月底，外国持有的美债总额同比减少了 2130 亿美元，为 7.296 万亿美元。

货币进行结算,① 加速了美元霸权的瓦解。

最后,世界中心之变。纵观历史,世界中心经历过多次变化。从公元前 3 世纪即秦汉开始,在唐宋时期发展到一个顶峰,中国曾是古代世界科技和经济的中心,而那时候的欧洲还处于中世纪的黑暗之中。② 从13 世纪开始,中国四大发明陆续传入欧洲,使得欧洲出现解放思想高潮,对欧洲资本主义发展起到了至关重要的推动作用,东方的科技成果催生了世界近代科技和经济的第一个中心——意大利。16 世纪末,意大利分裂、英国科技革命成功,使得近代世界科技的中心从意大利转到英国。18—19 世纪,法国的思想大解放和德国的工业大发展,使得法国和德国继英国之后,先后成为世界近代科技和经济中心。至此,世界重心慢慢地从亚洲转移到了欧洲。到了 20 世纪,美国爱迪生引发的电力技术革命,导致美国完善了欧洲的钢铁、化工和电力技术,为美国带来了技术优势,使得美国成为世界近代科技的第五个中心,美欧由此成为世界重心。到了 21 世纪,"一带一路"倡议推广之后,中国通过向沿线国家分享 5G 等诸多先进技术,带动了亚非拉国家经济的快速发展。旧的国际秩序已表现出瓦解迹象,按照历史规律,世界重心很可能会逐渐向亚洲国家转移,并外溢到非洲、拉丁美洲等其他发展中国家和地区,亚非拉国家同西方国家的差距将会不断缩小。

（2）存在的内容盲区。

先修课程在这个部分的知识安排是比较零散的,同期开设的"标准与我们的生活"课程虽然涉及对标准的介绍,但对"一带一路"倡

---

① 据统计,中国已与20 个"一带一路"共建国家签署双边本币互换协议,在 17 个共建国家建立人民币清算安排。见国务院新闻办公室 2023 年 10 月 10 日发布的《共建"一带一路":构建人类命运共同体的重大实践》白皮书。

② 耶鲁大学韩森教授的《公元 1000 年:全球化的开端》。

议并没有系统的介绍，学生掌握的知识非常有限。这既凸显了本部分内容的重要性，也展示了熟练掌握该内容的难点。

2. 教学难点

基于文献研究，思考"一带一路"倡议如何避开美国的限制，推动中国走向世界。

思考中国如何利用"一带一路"倡议，突破美元结算体系，降低外部经济风险，实现和平崛起。

四、案例介绍

"一带一路"倡议的提出有特殊背景，是中国领导人对全球经济的深刻思考和前瞻性战略规划。一是中国对内面临经济结构调整和产能过剩、对外面临培育新的外需增长点的需要；二是考虑到当时中国西部和中亚地区经济发展比较落后，提出"一带一路"倡议，不仅有利于互利共赢、合作发展，还可化解潜在的地缘政治风险；三是希望利用水、陆、空三个维度，实现区域互联互通。

为此，2013 年，中国领导人在访问中亚和东南亚国家时顺势提出了"一带一路"倡议计划，该计划主要是为了推动全球合作，加强各国交流，共同构建人类命运共同体。

"一带一路"倡议灵感来自中国古代丝绸之路，21 世纪的"一带一路"倡议主要包括三条路线，皆以中国为起点：北线穿过中亚和俄罗斯，终点在欧洲；中线则通过中亚，延伸至波斯湾和地中海，再进入欧洲；南线则从东南亚出发，穿越南亚和印度洋，同样指向欧洲。此外，存在一条海陆混合路线，从中国出发，穿过马六甲海峡，途经肯尼亚等国家，最终到达欧洲，将亚洲、非洲和欧洲紧密联系起来。自"一带一路"倡议提出以来，中国与共建国家秉持着"互联互通""共商共建共享"的原则，取得了丰硕的成果。

一是政策沟通。截至 2023 年 6 月底，中国与全球 151 个国家及 32 个国际组织签署了 200 多份共建"一带一路"合作文件，合作促成了一系列影响深远的项目。在过去几年中，中国成功举办了三届"一带一路"国际合作高峰论坛，参与国家和组织数量超过 150 个，产生了近 300 项具体成果。① 此外，中国还与国际伙伴共同启动了 20 多个覆盖铁路、港口、能源等领域的多边对话和合作机制，并与 65 个国家的标准化机构签订了合作协议，如中欧标准化合作机制。

二是设施联通。在基础设施建设方面，中国与共建国家共同推进了"六廊六路多国多港"的互联互通网络，包括重大项目如中老铁路和雅万高铁，这些项目不仅加强了参与国家间的物理连通性，还提升了整个区域的经济发展潜力。特别是中欧班列项目，截至 2023 年 6 月已累计开行 7.4 万列，运输近 700 万标箱，覆盖了汽车整车、机械设备、电子产品等 53 大门类，成为亚欧大陆贸易流通和经济合作的重要通道。②

三是贸易畅通。2013—2022 年，通过签订自由贸易协定，中国与共建国家的贸易合作显著加深，进出口总额高达 19.1 万亿美元。其中，中国—东盟自由贸易区的建立和扩展对于区域内贸易流通和经济发展起到了显著的推动作用。此外，如中白工业园、泰中罗勇工业园等合作园区的发展，不仅加强了中国与共建国家间的双边投资和产能合作，而且

---

① 国务院新闻办公室 2023 年 10 月 10 日发布的《共建"一带一路"：构建人类命运共同体的重大实践》白皮书。

② 国务院新闻办公室 2023 年 10 月 10 日发布的《共建"一带一路"：构建人类命运共同体的重大实践》白皮书。

有效地推动了贸易自由化和便利化，为推进经济一体化和区域合作作出了重要贡献。

四是资金融通。亚洲基础设施投资银行（以下简称亚投行）和丝路基金的建立为"一带一路"倡议下的项目提供了坚实的资金支持。截至 2023 年 6 月底，丝路基金签约投资项目达 75 个；亚投行已成为全球第二大多边开发机构，累计批准 200 多个投资项目，涵盖交通、能源、公共卫生等众多领域。[①] 例如，亚投行对孟加拉国的电网升级和斯里兰卡的城市发展项目的资助，显著提升了当地的基础设施和生活水平。此外，中国的金融机构也在共建国家设置了众多一级机构，提升了跨境金融服务的便利性。例如，中国已与 20 个共建国家签署双边本币互换协议，并在 17 个国家建立人民币清算安排。[②]

五是民心相通。中国在加强与共建国家间人文交流方面取得了重要进展。通过教育、科学、文化、体育、旅游等多领域合作，加深了与共建国家人民间的文化交流和理解。例如，中国已与 144 个国家签署文化和旅游合作文件，与 45 个国家和地区签署了高等教育学历学位互认协议。[③] 中国还通过举办如丝路国际电影节、书展、音乐节等文化活动，增进了人民之间的友谊，促进了相互理解。

---

① 国务院新闻办公室 2023 年 10 月 10 日发布的《共建"一带一路"：构建人类命运共同体的重大实践》白皮书。
② 国务院新闻办公室 2023 年 10 月 10 日发布的《共建"一带一路"：构建人类命运共同体的重大实践》白皮书。
③ 国务院新闻办公室 2023 年 10 月 10 日发布的《共建"一带一路"：构建人类命运共同体的重大实践》白皮书。

五、教学方法与手段

1. 案例式教学

以中国"一带一路"倡议的例子，阐述在"一带一路"倡议的框架下，各国形成相对稳定的利益关系；引导学生思考在当前国际环境持续恶化的大背景下，中国如何能实现国内资源和生产的均衡发展；中国为何能突破美国的封锁，在改善世界经济形势、联通世界市场、塑造世界经济发展新秩序等方面起到决定性作用，并推动中国在国际贸易中掌握更大的主动性和话语权。

2. 启发式教学

结合"一带一路"提出的背景、具体的创新做法和取得的成绩，引导学生评价"一带一路"倡议超学科的理论价值。具体可围绕如下几个方面展开[①]：

（1）"一带一路"是"高水平开放之路"，秉持开放合作的精神。

企业是"一带一路"的践行主体，企业走出去时，不仅要与国际同类型企业在更复杂的世界市场竞争，更要积极适应东道国的文化、社会生态，以及标准、规则的差异，这个过程中是企业不断对接国际高标准、规则，适应世界市场开放竞争的过程。[②] 此外，"一带一路"积极对接国际标准规则，致力于塑造一个包容开放的世界经济体系。与以往的货物贸易占主导有所不同，"一带一路"倡议的开放是制度型开放，以推动规则、规制、管理、标准等为策略，把中国优势转化为合作优

---

① 任琳：《为全人类共同发展提供中国方案》，载《光明日报》2022 年 3 月 15 日，第 9 版。
② 任琳：《为全人类共同发展提供中国方案》，载《光明日报》2022 年 3 月 15 日，第 9 版。

势，鼓励广大发展中国家走符合自身国情的高质量发展道路。坚持对内对外开放的相互促进和良性互动，借由"一带一路"倡议的平台，以互利共赢、多元平衡、安全高效为主旨，逐渐形成一个更大范围、更宽领域、更深层次的全方位对外开放格局和开放型经济体系。[①]

（2）"一带一路"是"可持续发展之路"，激发当地经济的可持续增长活力。

以往，发达国家为了从全世界获取市场和资源、实现利润最大化，很可能会强势扩张和向发展中国家转移污染产业。但"一带一路"倡议明确了绿色理念，愿为贯彻落实《巴黎协定》、实现碳中和相关目标作出积极贡献。[②] 例如中国人民银行、国家发展改革委、中国证监会联合发布的《绿色债券支持项目目录》（2020 年版，2021 年版），限制煤和煤电等传统有污染的项目获得融资。"一带一路"强调绿色发展共识，中国企业积极推广处于世界领先地位的清洁燃煤技术，严格控制自身碳排放量。"一带一路"项目还特别重视债务问题。中国于 2017 年与 26 个沿线国家共同核准了《"一带一路"融资指导原则》，旨在深化"一带一路"融资合作，2020 年沙特成为第 29 个该指导原则的核准方。尽管有某些别有用心的发达国家捏造所谓"债务陷阱"，妄图歪曲论证"一带一路"具有扩张意图，但是中国用行动证明了"一带一路"倡议合作共赢的理念。中国积极响应 G20 债务缓解倡议，2020 年提供的缓债额超过 13 亿美元，占据了 G20 总缓债额的近 30%，在 G20 国家中居首位，显示了中国在国际债务问题上的积极贡献。[③] 相较于某些西方国家有"做空"他国经济的劣迹，例如 20 世纪 80 年代初"做空"拉美

---

① 《"一带一路"越走越广 开放水平持续走高》，河北智库发布。
② 任琳：《为全人类共同发展提供中国方案》，载《光明日报》2022 年 3 月 15 日，第 9 版。
③ 大使张佐在北马其顿媒体发表的署名文章《所谓"中国债务陷阱论"是谣言和谎言》。

国家，中国真正用行动在践行合作共赢的理念。此外，部分西方国家曾承诺将国民总收入的 0.7% 用于对外发展援助，但实际上，它们未能兑现这一承诺。① 以美国为例，其海外援助仅占国民总收入的 0.18%。有些国家甚至将难民安置和维和军事开支等成本计入自己国家的发展援助预算，虚增援助数字，加剧了它们在非洲等地区的"信任赤字"。

（3）"一带一路"是"造福世界的幸福之路"，坚持以人为本的发展理念。

"一带一路"积极打造基础设施的"硬联通"、规则标准的"软联通"以及共建国家人民的"心联通"。

第一，与西方国家更青睐投资金融服务等容易赚快钱的领域不同，"一带一路"重视"甘作前人栽树，宁愿后人乘凉"的民心工程——基础设施建设，为沿线各国今后的经济发展提供了基础和保障。② 在"一带一路"倡议框架下，东非有了第一条铁路，马尔代夫有了第一座跨海大桥，中老铁路、雅万高铁、匈塞铁路、比雷埃夫斯港等一批标志性项目陆续建成并投运。这种建设不仅是物质层面的切实利好，还直接或间接地改善了沿线国家的就业、收入水平、社会保障和教育程度，切实造福了沿线国家人民。③

第二，与西方参与全球治理意愿下降，频繁表现出的单边霸凌、滥用制裁和无视多边主义精神等自利特点不同，中国愿与沿线国家并肩前行，努力把"一带一路"打造成为构建人类命运共同体的国际合作平台。④ "一带一路"倡议为国际社会提供了国际合作平台和大量的国际

① 《G7，欠南方国家的"债"何时还？》，载《人民日报》（海外版）2023 年 5 月 30 日，第 10 版。
② 任琳：《为全人类共同发展提供中国方案》，载《光明日报》2022 年 3 月 15 日，第 9 版。
③ 任琳：《为全人类共同发展提供中国方案》，载《光明日报》2022 年 3 月 15 日，第 9 版。
④ 任琳：《为全人类共同发展提供中国方案》，载《光明日报》2022 年 3 月 15 日，第 9 版。

公共产品，先后被写入国际组织重要国际机制的成果文件。根据"一带一路"官方网站，截至 2023 年 1 月，一共有 151 个国家和 32 个国际组织在"一带一路"框架下与中国签署了 200 多份合作文件。诸如"疫苗合作伙伴关系倡议""绿色发展伙伴关系倡议"等，都显示出中国愿与世界各国共同打造一条治理之路、信任之路、和平之路和发展之路的决心。[①]

第三，"一带一路"沿线国家的境外合作工业园区项目已经成为经贸合作的重要支柱。这些工业园区充分发挥了自身优势，快速崛起，成为中外企业合作的首选，不仅提供了众多就业机会，也为共建国家经济发展注入了活力。据数据显示，截至 2021 年末，境外经贸合作区遍布 46 个国家，累计投资达到 507 亿美元，为东道国贡献了 66 亿美元的税收，同时创造了 39.2 万个就业岗位。[②]亚投行也在亚洲等地取得了显著的发展成就。截至 2021 年 10 月，亚投行的成员数量已增至 104 个，仅次于世界银行，全球覆盖范围广泛。值得一提的是，新冠疫情时期，亚投行通过设立专项基金，大力支持成员国的紧急公共卫生需求。此外，丝路基金也在"一带一路"沿线国家展开了多个项目，涵盖基础设施建设和高端制造业等多个领域。截至 2020 年末，丝路基金已签署了 49 个项目，其中 70% 的签约资金用于大型国际合作项目。

第四，在共建"一带一路"的框架下，中国积极支持沿线国家的脱贫工作，并提供了减贫、农业等多个领域的专业培训。据统计，十多年来，"一带一路"倡议拉动近万亿美元投资，"一带一路"农业合作机制增强了共建国贫困人口获取粮食和应对粮食危机的能力，"一带一

---

① 任琳：《为全人类共同发展提供中国方案》，载《光明日报》2022 年 3 月 15 日，第 9 版。
② 国务院新闻办公室 2023 年 10 月 10 日发布的《共建"一带一路"：构建人类命运共同体的重大实践》白皮书。

路"框架下的产业投资、基础设施项目创造了大量就业机会，带动了 4000 万人摆脱贫困，为全球减贫事业做出了突出贡献。① 在共建"一带一路"过程中，中国与相关国家积极推进产业园区建设，中国院校与亚非欧三大洲 20 多个共建国家的院校合作建设了一批鲁班工坊。② 根据世界银行预测，到 2030 年，共建"一带一路"相关投资有望使共建国家 760 万人摆脱极端贫困、3200 万人摆脱中度贫困。③ 借助共建"一带一路"，中国向 70 多个国家和地区派出了 2000 多名农业专家和技术人员，向多个国家推广示范菌草、杂交水稻等 1500 多项农业技术，帮助亚洲、非洲、南太平洋、拉美和加勒比等地区推进乡村减贫，促进共建国家现代农业发展和农民增收。④

六、教学实施过程

1. 主要知识点和思政元素融合

第一，阐述"一带一路"倡议提出的背景和具体的建设方案。主要思政元素：两个维护。

第二，要清楚认识到"一带一路"倡议到底带来了哪些变化。主要思政元素：四个自信，四个坚持。

第三，能说清楚"一带一路"倡议具有哪些理论价值。主要思政元素：中国智慧。

第四，能说清楚"一带一路"倡议的国际合作机制。主要思政元

---

① 《共建"一带一路"：通过国际合作铺就"减贫之路"》，中国共产党新闻网。
② 《共建"一带一路"：通过国际合作铺就"减贫之路"》，中国共产党新闻网。
③ 《共建"一带一路"：通过国际合作铺就"减贫之路"》，中国共产党新闻网。
④ 《共建"一带一路"：通过国际合作铺就"减贫之路"》，中国共产党新闻网。

素：全球视野与合作精神。

第五，能正确认识中国"一带一路"倡议对区域贸易一体化起的积极作用；思考如何为全人类共同发展提供中国方案。主要思政元素：砥砺奋进，大国责任，家国情怀，责任担当，和平共处。

2. **教学实施过程**

课前：根据单元任务板的问题链，搜集资料、阅读文献，与小组同学进行初步探讨，带着问题进入课堂。

课中：围绕核心问题，进行分组讨论与讲解互动，不断提升对问题的认识。

课后：基于课中的综合讨论，课后完成测试题和微主题研究，并完善小组任务报告。

七、考核与评价方式

本课程采用的是三板教学法，小组合作任务比较多，在课前课中课后的学习中，个人基本通过学习通设置评分，小组任务则采用评价量表。我们基于布鲁姆教学评价等理论指导来构建评价量表，用以量化"1+3"核心素养指标。

八、实施成效

从整体看，本课程知识点与教学目标达成度明显提升。

（1）学生学科素养显著提升。一是学生自主学习和沟通能力不断提高。二是对国际贸易政策协调与贸易规则的实际应用能力提升。借由任务板，学生搜集整理相关贸易规则的资料、阅读文献、分析问题的能力显著提升。三是创新力提升，学生对该案例及其启示有很多创新性想法，对中国如何提升话语权有了更科学的认识，并借此进行了相关微课题研究。

（2）课程思政成效显著。学生对中国古代文明更加崇敬，文化自信得到增强；对中国经济社会发展更有信心，更坚定了"四个自信"。

（3）教师教研水平明显提高。教学过程不仅是学生学习的过程，也是教师学习的过程。正是因为案例教学的全面应用，老师对中国经济发展历史以及古代文明有了更多认识，教学相长，以赛促教，以研促教，实现了共同进步。

本案例教学经验得到了推广，并迁移应用到多门课程。我们先后赴山东大学、西交利物浦大学、国防科技大学等学校做报告分享，教学案例获得同行采纳。

推荐文献

［1］Lin JustinYifu. China's Belt and Road Initiative：The Rationale and Likely Impacts of the New Structural Economics Perspective ［J］. Journal of International Business Policy，2022，5（2）：259-265.

［2］Chang Le，Li Jing，CheongKeeCheok，et al. Can Existing Theories Explain China's Outward Foreign Direct Investment in Belt and Road Countries？ ［J］. Sustainability，2021，13（3）：1389.

［3］刘洪愧."一带一路"境外经贸合作区赋能新发展格局的逻辑与思路 ［J］. 改革，2022（2）：48-60.

中欧班列铁路运单物权化改革与探索

主讲教师

莫　莎，经济学博士，湖南大学经济与贸易学院副教授，国家级一流本科课程国际贸易实务负责人，主要研究方向为自贸试验区与创新发展、数字经济与数字贸易、贸易与环境问题等。

谢　涓，经济学博士，湖南大学经济与贸易学院助理教授，主要研究方向为贸易与环境问题。

一、课程信息

1. 课程名称

国际贸易实务。

2. 课程类型

拓展型课程。

3. 授课对象

国际经济与贸易专业本科学生。

4. 知识点

国际铁路运单的性质；国际多式联运的特点。

5. 教学课时

1学时。

二、教学目标

1. 知识目标

掌握国际铁路运单的性质，理解国际海运提单与国际铁路运单的不同点。

2. 技能目标

（1）了解中欧班列（英文名称 CHINA RAILWAY Express，缩写 CR Express）的由来和发展。中欧班列由中国铁路总公司负责组织和运营，车次、线路、班期固定，是往来于中国与欧洲以及"一带一路"沿线国家间的集装箱等国际铁路联运列车。

（2）认识中欧班列的开行对促进我国与沿线国家经贸合作和推进"一带一路"建设的重要意义。

（3）理解当前"一带一路"背景下，中欧班列实践中因国际铁路运单性质问题给外贸企业带来的风险和面临的现实困境。

（4）领会我国自由贸易试验区在国际铁路运单改革方面的探索具有的重大意义。

3. 思政目标

引导学生跟踪国际贸易实务最新发展动态，关注我国最新政策变化，了解中欧班列的发展成就，激发爱国热情和道路自信；提升学生对振兴我国外贸事业的信心、责任感和使命感；我国自贸试验区先试先行，勇于创新，引领国际贸易规则重构，鼓励学生培养创新精神。

三、教学重点与难点

1. 教学重点

（1）国际铁路运输单据的性质。

国际铁路运单是承运人承运货物的收据，也是承托双方运输合同的证明，但是它不代表货物所有权，不能作为物权凭证。

（2）国际多式联运的特点。

必须具有一份多式联运合同；必须使用一份全程多式联运单证；必须是至少两种不同运输方式的联合运输；必须是国际间的货物运输；必须由一个多式联运经营人对全程运输负总的责任；必须实行全程单一的运费费率。

2. 教学难点

海运提单的性质与国际铁路运单的区别：海运提单是代表货物所有权的凭证，买卖提单即买卖货物本身。国际铁路运单不具备物权凭证性质。

四、案例介绍

1. 背景介绍

长期以来，由于海洋运输在国际贸易中占有主导地位，海运提单也成为最主要的国际货物运输单据。海运提单所具备的货物收据、运输合同的证明、物权凭证等基本属性早在 19 世纪就已初步形成，并在 1931 年生效的《海牙规则》中进一步得到确认。海运提单所具备的物权凭证属性使国际贸易中买卖双方互不信任的低信用货物交易，转化成了银行间高信用的单据交易，大大促进了以海运为基础的国际贸易发展。也正是因为海运提单所具有的物权属性，使提单持有人能凭提单向银行申请押汇融资，或者通过质押获得贷款，[①] 这有利于解决企业特别是中小型贸易企业的融资问题。总体来说，海运提单的物权属性来自以《维斯比规则》《汉堡规则》《鹿特丹规则》为核心的国际海运规则体系，各国立法通过引入国际规则的方式承认海运提单在国内法上的物权属性。

从我国 2013 年提出"一带一路"倡议以来，我国与沿线国家的货物贸易快速发展，以中欧班列为代表的国际铁路运输发挥着越来越重要的作用。

中欧班列目前已铺划了西、中、东三条通道：西部通道由我国中西

---

① 王军杰、申莉萍：《从运单到提单：中欧班列规则创新》，载《西南民族大学学报（人文社会科学版）》2020 年第 6 期。

部经阿拉山口（霍尔果斯）出境，中部通道由我国华北地区经二连浩特出境，东部通道由我国东南部沿海地区经满洲里（绥芬河）出境。[①] 2011 年 3 月，首趟中欧班列从重庆发出开往德国杜伊斯堡，开启了中欧班列创新发展的序章。[②] 中欧班列是"一带一路"建设中的"钢铁丝路"，汽笛声声促进了东西方文化的进一步交融，车轮滚滚带来了创新的物流模式，在促进中欧贸易发展的同时，也为我国乃至全球的经济发展注入了蓬勃动力。

中欧班列自 2011 年开行以来，截至 2024 年 5 月 25 日，全国已有超过 60 个城市累计开行数量突破 9 万列，通达欧洲 25 个国家和地区的 233 个城市，运送货物超 870 万标箱，货值超 3800 亿美元。[③]

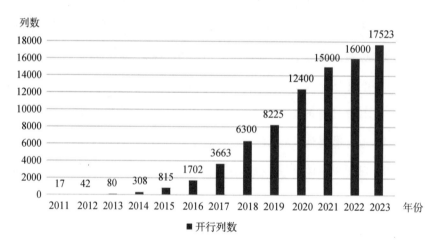

图 1　中欧班列年度开行列数

2020 年初，全球海运不畅、运价暴涨。中欧班列作为沟通欧亚大陆的重要运输载体，西联欧洲，东引东亚及东南亚地区，具有得天独厚

① 《中国各省区市参与"一带一路"建设研究》，载《民银智库研究》2019 年第 9 期。
② 《充满活力的机遇之路》，载《人民日报》2022 年 1 月 14 日。
③ 《新记录！累计开行 9000 例》，人民网，2024 年 5 月 26 日。

的优势，因此吸引了大量货运业务由海运、空运转移到中欧班列，为稳定全球供应链发挥了巨大的作用。

2023年底，由于新一轮巴以冲突外溢，红海及苏伊士运河的国际航道运输受到战争威胁，全球物流大通道再次遇阻，大量商船被迫绕道至非洲好望角，物流成本急剧上升。亚欧大陆桥此时进一步凸显在促进全球贸易畅通中的重要作用，中欧班列成为欧亚大陆间的"生命之路"。

中欧班列横跨两大洲，途经十数国，运输距离长，但安全高效，是我国为参与全球开放合作、共建"一带一路"提供的重要国际公共产品，也是为推动构建人类命运共同体提供的中国智慧和中国方案。

2. 国际铁路运单在实践中存在的问题

中欧班列属于国际铁路联运。由于历史原因，在20世纪冷战时期，东西方国家分别签署了国际铁路联运条约，一是《国际铁路货物联运协定》（简称《国际货协》）；二是《国际铁路货物运输公约》（简称《国际货约》）。[①] 沿线不同国家的铁路承运人之间分别适用不同的协定，伊朗、波兰等12个国家同时加入了两个协定，我国只加入了《国际货协》。

虽然《国际货协》与《国际货约》有不同的规则体系，但关于国际铁路运单基本功能的规定是一致的：一是，运单是运输合同凭证，证明承运人和托运人的权利义务关系。二是，运单作为取货凭证，是货交承运人的初步证据。三是，两大协定都明确否定运单的物权效力，也就是说，对于铁路运单，无论是《国际货协》还是《国际货约》都没有

---

① 杨临萍：《"一带一路"背景下铁路提单与铁路运单的协同创新机制》，载《中国法学》2019年第6期。

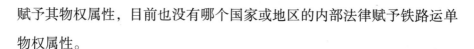

赋予其物权属性，目前也没有哪个国家或地区的内部法律赋予铁路运单物权属性。

为了促进国际铁路运输发展，《国际货协》和《国际货约》两大组织通过谈判，于 2006 年制定并颁布了国际货约/国际货协统一运单（简称"统一运单"）供成员国企业选择使用。2011 年，我国原铁道部公布了《国际货约/国际货协运单指导手册》。① 与分段适用两大协定相比，统一运单能减少流转次数、提高工作效率、节省变革费用、简化海关手续，也使得运单的结构更加完整。然而统一运单并没有解决国际铁路运单存在的两大问题：一是规则不统一，托运人与承运人之间仍然适用不同的规则且需要换单；二是运单本身没有物权属性，企业无法利用运单进行抵押融资。

也就是说，中欧班列运输使用的国际铁路运单与海运提单的最大区别是不具备物权凭证属性，不能作为融资工具，这就导致在实践运用中存在一些技术性难题。

（1）国际铁路发货人的风险问题。

长期以来，铁路运单一直没有被赋予物权凭证的属性，发货人在铁路启运站发货后就失去了对货物的控制权，收货人在目的站凭铁路的到货通知单自行提货，甚至可以不支付货款，导致发货人面临收不回货款的风险。以往常见的做法是进口商预付全部货款或向银行提供百分之百的保证金，由银行提供担保，但这会给进口商带来很大的资金压力。如果买卖双方互不信任，银行也不愿意提供信用担保，交易就很难达成。

"一带一路"沿线国家很多都是发展中国家，铁路运单的非物权属

---

① 张华、杜鑫时：《论中国国际铁路运输单证的法律功能与创新》，载《中国海商法研究》2021 年第 1 期。

性严重影响了贸易双方特别是中小企业开展国际铁路运输贸易的积极性，不利于"一带一路"走深走实，也制约了中欧班列铁路货运的发展。

（2）国际铁路运单的融资问题。

在中欧班列市场化运作过程中，贸易融资是必不可少的润滑剂，它关系到提高班列返程的货源稳定、买卖双方及时获得资金支持和货款的安全收汇。而贸易融资的根本前提和依据是货权的单据化（票据化），从而有利于相关的应收账款权益合法流转。同时，通过中欧班列开展对外贸易的中小企业普遍面临流动资金短缺的问题，"融资难"成为制约企业进一步发展的重要因素。因此，赋予国际铁路运单物权凭证属性以解决企业融资难问题的呼声日益高涨。

在当前复杂的地缘政治格局和国际竞争形势下，为确保国际供应链产业链的完整和稳定，应进一步提升国际铁路运输的吸引力，推动中欧班列在我国"一带一路"倡议的实施中发挥更大的作用，提高企业特别是中小企业开展国际铁路贸易的积极性。这就要求内陆物流运输突破制度的瓶颈，实现铁路运输单据在物权属性方面与海运提单的对标，增强其流通性和确定性，从而有效解决资金支持和贸易融资便利问题，降低货物运输对发货人的风险。

3. 我国自贸试验区的创新实践

2013年"一带一路"倡议提出后，中欧班列开行数量逐年递增，关于物流金融包括对国际铁路运单物权属性的探索也开始提上日程。

建设自由贸易试验区是党中央、国务院在新形势下全面深化改革和扩大开放的战略举措。各地自由贸易试验区以制度创新为核心，以可复制可推广为基本要求，对照国际一流标准，出台了一系列大胆试、大胆闯、自主改的政策，在我国对外开放和"一带一路"建设中发挥了积极作用。在中欧班列铁路运单货权属性改革方面，我国多个自由贸易试验区开展了大胆的改革和尝试。

2017年3月国务院印发《中国（重庆）自由贸易试验区总体方案》，要求重庆"依托中欧国际铁路联运通道，强化运输安全，提高运输效率，降低运输成本，构建中欧陆路国际贸易通道和规则体系，发展国际铁路联运"，"探索陆上贸易新规则"。

2017年4月，成都国际铁路港开始探索把海运提单的"物权属性"嫁接到中欧班列铁路运单上，尝试拓展班列运单的基本功能。[1] 成都国际铁路港成功实行的这一铁路运单"物权化"改革制度创新措施，通过物权属性契约化、承运人全程控货、一单到底等制度设计，打破了原有的有关铁路运单性质的固化概念，在2018年被国务院纳入深化自贸试验区改革创新的53条措施中。[2]

2017年12月22日，全球首张凭铁路提单议付的跟单信用证由重庆自贸试验区的企业申请开立，国际贸易领域只有海运提单而没有陆运提单的格局被彻底打破，国际陆上贸易的融资方式得以改变。[3]

2018年，国家正式把中欧班列单证物权化提上日程，2018年11月，《国务院关于支持自由贸易试验区深化改革创新若干措施的通知》（国发〔2018〕38号）提出："支持有条件的自贸试验区研究和探索赋予国际铁路运单物权凭证功能，将铁路运单作为信用证议付票据，提高

---

[1] 王军杰、申莉萍：《从运单到提单：中欧班列规则创新》，载《西南民族大学学报（人文社会科学版）》2020年第6期。

[2] 王军杰、申莉萍：《从运单到提单：中欧班列规则创新》，载《西南民族大学学报（人文社会科学版）》2020年第6期。

[3] 杨临萍：《"一带一路"背景下铁路提单与铁路运单的协同创新机制》，载《中国法学》2019年第6期。

国际铁路货运联运水平，加强国际交流合作。"这充分体现了国家对国际铁路运单物权属性改革实践的肯定，不仅有利于加快推进铁路提单的商业化应用，也有利于进一步深化铁路提单的理论研究。①

在国家各部委组成的工作组的推动下，四川省、重庆市自贸试验区开始了实践层面的多次探索，如成都班列平台公司签发自制提单试行一单制，重庆中外运物流有限公司试行铁路提单等。在国家铁路局的推动下，铁路合作组织运输法专门委员会成立临时工作组，讨论研究如何根据实践发展需要推动适应多式联运物权属性需求的货协修订问题。

2018 年 12 月 25 日，成都局在国内首单铁路运单信用功能拓展规则案例基础上，联合中国银行四川分行设计发布了基于国际铁路联运运单的国际信用证"一单制"交易模式试点规则流程（国际版"铁银通"），依托俄罗斯伊尔库茨克到成都的中欧班列（木材商品），于 2019 年 1 月完成了全球首单"国际信用证结算+人民币结算"的货物贸易金融化创新试点。铁路国际联运运单提单化的制度创新不仅是扩展了国际贸易实务中使用的单证类别，更重要的是拓展了铁路部门的业务渠道，使铁路承运人不仅能开展铁路运输业务，也能拓展物流金融业务，有利于经济效益的提升。

2019 年成都国际铁路港在商务部协助下，进一步对已有的制度创新成果进行全面总结和梳理，形成了一整套有关国际铁路提单的统一、成熟的制度规范。② 这一成果经验开始在全国其他自贸试验区推广，重庆、郑州、西安、长沙等地纷纷在本土的中欧班列联运业务中开展试

---

① 杨临萍：《"一带一路"背景下铁路提单与铁路运单的协同创新机制》，载《中国法学》2019 年第 6 期。

② 王军杰、申莉萍：《从运单到提单：中欧班列规则创新》，载《西南民族大学学报（人文社会科学版）》2020 年第 6 期。

验，积累经验。

2019 年 6 月，我国向联合国国际贸易法委员会提交《中国关于联合国贸法会就解决铁路运单不具备物权凭证属性带来的相关问题开展工作的建议》，在第 52 届年会上提交有关多式联运提单物权化的提案并获得了绝大多数国家的支持，贸法会已启动相关后续研究和探索工作。

2019 年 7 月，国务院将重庆创新推出的《铁路提单信用证融资结算》纳入全国自贸试验区第三批最佳实践案例向全国推广。

2019 年 9 月党中央提出《交通强国建设纲要》，提到要"积极推动全球交通治理体系建设与变革，促进交通运输政策、规则、制度、技术、标准'引进来'和'走出去'，积极参与交通国际组织事务框架下规则、标准制定修订。提升交通国际话语权和影响力"。成都、重庆等地的实践就是最好的例证。

2019 年 12 月，联合国国际贸易法委员会和中国商务部联合在重庆召开"国际贸易中的铁路运单使用及未来法律框架高级别研讨会"，会议明确了采用"双轨制"（铁路运单+提单）方式来解决铁路运单物权属性缺失问题的基本方向与路径。

2020 年 6 月 30 日，重庆两江新区人民法院（重庆自由贸易试验区人民法院）对一起涉及国际铁路提单持有人提起的进口汽车物权纠纷案作出判决，确认货物所有权归属提单持有人，并支持其提取货物的请求。该案判决为铁路提单的法律效力认定首开司法裁判之先河，[①] 为探索解决铁路运单物权属性问题提供司法支持和引领。

2020 年 9 月，国务院在《中国（湖南）自由贸易试验区总体方案》中提出："提高国际铁路货运联运水平，探索解决国际铁路运单物权凭

---

① 张洪涛：《铁路提单能否成为信用证下的运输单据》，载《中国外汇》2023 年 4 月 15 日。

证问题，将铁路运输单证作为信用证议付单证。"

上述政策为各地探索建立以铁路为主的国际货物联运规则指明了方向。截至 2023 年 7 月底，渝新欧公司共签发铁路提单超 6000 份。2023 年 7 月，中国工商银行湖北省分行成功落地湖北省首笔"中国－老挝国际铁路货物联运运单"项下跨境人民币信用证业务，以推动 RCEP 地区国际铁路运单物权化在湖北的首次实践。

虽然我国在国际铁路运单物权属性上进行了不断的试点探索，但还是存在着不少瓶颈。其一，涉及主体多，国内国际协调难度大。国际铁路运单的物权化问题非常复杂，不仅涉及国内法律、金融、运输、商务等各行业不同主体之间的协调配合，还涉及国家间政府机构、多边组织、金融机构和国际商会等多方主体的协调联动，不是能一蹴而就的事情。其二，涉及法律复杂，缺乏法律依据。与海运提单相比，铁路运输单证的物权属性尚未形成国际共识，铁路提单依然在现行国际多边贸易体系中缺乏法律保护，国内也尚未通过立法或修法，对铁路提单物权属性予以确认。其三，规则制度设计难度大。目前多式联运提单"一单制"的规则设计和背面条款的设计是根据提单签发公司实际的业务发展，通过参考海运、国际公约、咨询物流、法律等领域的专家来设立，[①] 具备一定的操作性，但是要形成行业和国家认可的规范，需要更高层面的研究和推动。所以，中国推动相关国际贸易规则的制定还任重道远。[②]

要理顺陆运单据货权属性问题，必须进行顶层设计，打破原有国际规则的束缚，不断进行理论创新，并积极推进与国际组织的合作，建立

---

① 朱晔、张戎：《中欧班列运输单证物权化实践思考》，载《综合运输》2022 年 9 月 15 日。

② 杨临萍：《"一带一路"背景下铁路提单与铁路运单的协同创新机制》，载《中国法学》，2019 年第 6 期。

国际标准。但国际规则建立的推进是艰难、费时的，特别是在当前国际贸易环境不确定性不断增加，以美国为首的西方国家不断遏制中国的国际背景下，中国要提高在国际规则制定中的话语权的难度也在加大。

五、教学方法与手段

本课程采用线上线下混合式教学，学生在线上完成慕课学习任务的基础上，参与线下翻转课堂的知识拓展和深化学习。本教学案例采用问题导入→启发思考→共同分析→构建知识的讲授式和合作研讨式教学法，通过教师引导、师生和生生互动，有效激发学生的学习主观能动性。

六、教学实施过程

国际贸易实务作为专业课程，应在知识传授过程中积极寻找与思政教育的契合点，贴近时代，贴近大学生的兴趣点，以潜移默化和润物细无声的方式传授给学生社会主义核心价值观和正确的职业道德观等，培养学生的爱国情怀和责任感，帮助学生树立正确的人生观、价值观和世界观，同时又能帮助学生更好地掌握和理解课程的知识点，避免"硬说教"和牵强附会。

本案例采用线上线下混合式教学。

1. 课前自主学习

学生在线上首先完成慕课自主学习任务，教师提前结合知识点提出回顾性问题，如：

（1）什么是海运提单？海运提单的性质和特点是什么？

（2）当前铁路运单与海运提单的性质最大的区别是什么？

通过对比分析，引导学生掌握不同运输方式下国际货物运单的性质差别，并引发学生思考：为什么会形成这种差别？这种差别对进出口贸易实践会带来什么影响？如果存在消极影响，这种影响是否有可能改变？学生对这类问题的思考将自然导向线下翻转课堂需要进行拓展的知识点。

教师结合实践提出思考性问题，如：

（1）如果你是一个外贸企业的业务员，你现在打算出口一批货物去欧洲，你会考虑选择中欧班列吗？为什么？

（2）如果你是一个外贸企业的业务员，当采用国际铁路运单时，你面临的最大风险是什么？

同时，在问题中引入思政元素，如中欧班列发展成果、中国"一带一路"建设成就等，激发爱国热情和道路自信；引导学生通过学习教材、查阅文献和线上资源自主答题。

2. 课中教学过程

线下翻转课堂教学活动包括课前小测、课程导入、知识回顾与巩固、知识拓展与深化等环节。

教师首先从一个实际案例引入"一带一路"和中欧班列的话题，创设教学情境，激发学生探究的好奇心和学习的兴趣，让学生在轻松的气氛中进入课程学习，以此引导学生跟踪国贸实务最新发展动态、关注国家最新政策变化、了解中欧班列的发展成就，激发学生的爱国热情和道路自信，同时提出问题启发学生思考。

随后教师紧密结合"一带一路"背景下国际铁路运输业务中的痛

点，通过重庆和四川自贸试验区在铁路运单物权凭证功能方面的研究和探索，提出问题，引出教学内容，激发学生的兴趣和求知欲望，营造积极探索的教学情境。

通过引入"全国首例铁路提单物权纠纷"案例，开展学习小组案例研讨，引导学生认识到中国应积极主导国际经贸规则重构，获得更多话语权，为世界经济发展贡献中国智慧和供给更多国际公共产品；展现大国自信，提升学生振兴我国外贸事业的信心、责任感和使命感。

教师对每组学生的讨论结果进行分析总结。中欧班列是连接"一带一路"沿线区域的血脉和经络。班列提单改革不但可以引领欧亚陆路贸易规则的发展，亦有望推动"一带一路"实现由"政治驱动"向"规则驱动"的重大转变。国际铁路提单规则急需从国际、国内两个维度寻求突破，为中欧班列高效运行提供法律支撑，助力亚欧铁路运输规则的创新发展。

在此基础上引导学生进一步查阅文献，寻找相关案例开展分析，并在课堂上进行展示。

比如，有学生查到中国工商银行湖南省分行首开铁路运单信用证案例，该单证由中国工商银行湖南省分行联合中南国际陆港有限公司以及相关进出口公司、仓储公司等共同探索完成。2021年12月29日，中国工商银行湖南省分行成功开立首笔中欧班列铁路运单信用证，有效突破了当前ICC（国际商会）国际跟单信用证商业惯例，赋予国际铁路运单以物权属性，从而打通了银行融资通道，实现了国际铁路运单物权化使用在湖南零的突破，为国际贸易融资实务中铁路运输方式获得与海运方式同等待遇进行了有益的尝试，为外贸企业拓宽了融资渠道，提供了陆运融资便利，为湖南更好地融入"一带一路"、推动自贸试验区高质量发展提供了新的金融助力。

另有学生查到武铁探索铁路国际联运首开德国运单物权化功能的案例。中国铁路武汉局集团有限公司按照中国国家铁路集团有限公司的部署要求，积极探索扩大铁路国际联运运单物权化在"一带一路"运输贸易中的应用范围，与招商银行武汉分行、武汉金控现代供应链管理有限公司和国际物流公司等单位共同研究出货权即期进口信用证产品方案——国际联运单融资模式，于2022年5月26日开立了首单德国杜伊斯堡—武汉吴家山中欧班列铁路国际联运运单信用证，实现了铁路国际联运运单物权化使用在武铁的首次突破。

川渝自贸试验区带了好头，引导了各地自贸试验区纷纷探索推进铁路国际联运运单物权化，以铁路、银行、国际物流等相关方面签署合作协议的形式，突破当前国际商会国际跟单信用证商业惯例，赋予铁路国际联运运单以物权属性。这一系列探索能够打通银行融资通道，为外贸企业拓宽融资渠道，实现中欧班列运输在贸易便利、资金流转、银行结算等方面高效发展。

上述教学过程形成了闭合（即导读式预习→内化和吸收→分组讨论→总结式讲授），对学生而言也形成了一个学习过程的闭合（即接受新知识→主动学习→消化理解→讨论输出学习成果）。[1]

七、考核与评价方式

本课程以成果为导向，注重持续改进和完善考核方法，将专业课程

---

[1]　吴青青、王巍：《课程思政理念下统计学"OBE+对分课堂"教学模式研究》，载《现代商贸工业》2022年第14期。

思政考核"嵌入"过程性考核和终结性考核全过程当中，使考核从单一的专业维度向人文素质、职业素养、社会责任感等多维度延伸，确保课程思政落地有声。

本课程将一些包含思政内容的新闻素材、实务案例设置成讨论任务，上传到中国大学慕课网平台，在线上论坛讨论区与学生进行互动，既能及时掌握学生的学习动态和效果，又可作为课程思政的过程性考核结果。对翻转课堂上学生的课堂发言表现、小组内部讨论表现、课后头脑风暴表现等，都可进行逐项考核测评，据此了解学生对于专业课程知识的学习情况和理解程度，以及对于思政教育相关内容的领悟程度。课后要求学生结合课堂思政材料撰写深度分析报告，锻炼学生独立思考、团队协作能力。

在期中、期末等终结性考核环节中适当增加主观题的分数占比，以开放式与问答式题型为主，设置含有思政元素的题目，如案例分析等，让学生对现有贸易实务的现状和趋势等进行分析，考查学生深层次的价值理念。

八、实施成效

通过案例资料的搜集和讨论，学生能够深入理解运输单据的作用，以及现有铁路运单的缺陷，了解我国在铁路运单物权化方面所作的努力，学习相关专业知识的同时完成了课程思政。

此案例教学很好地展示了中国改革开放建设成就，以培养学生成为具有中国特色社会主义核心价值观、理想信念坚定、具有良好职业道德操守和国际化视野，精通国际经贸规则，有情怀、敢担当、勇于开拓创新的复合型高端卓越外贸人才为目标。

通过对本课程的学习，学生坚定了中国特色社会主义的道路自信、理论自信、制度自信和文化自信。

推荐文献

［1］张丽英，邵晨. 中欧班列铁路运单的公约困境及解决路径［J］. 国际贸易，2021（3）：60-65.

［2］陈红彦，徐菲. 铁路提单物权凭证功能的法律困境及其破解：基于司法裁判的分析［J］. 华南理工大学学报（社会科学版），2023（1）：137-145.

人民币国际化

主讲教师

黄　萍，经济学博士，湖南大学经济与贸易学院国贸系助理教授，主要研究方向为汇率、国际贸易和经济增长。

曹中玉，经济学博士，湖南大学经济与贸易学院国际贸易系助理教授，主要研究方向为国际商务、国际金融、劳动经济学。

莫　莎，经济学博士，湖南大学经济与贸易学院副教授，国家级一流本科课程国际贸易实务负责人，主要研究方向为自贸试验区与创新发展、数字经济与数字贸易、贸易与环境问题等。

一、课程信息

1. 课程名称

国际金融。

2. 课程类型

必修课程。

3. 授课对象

国际经济与贸易专业、经济学专业本科学生。

4. 知识点

人民币国际化、国际储备货币结构调整。

5. 教学课时

2学时。

二、教学目标

1. 知识目标

理解和掌握一国主权信用货币国际化概念，人民币国际化过程，一国货币地位高低的影响因素，以及一国货币国际化与国际储备货币结构的关系。

2. 技能目标

通过线上线下混合教学，提高学生运用所学人民币国际化和国际储备货币结构的知识点分析国际金融热点和世界时事的能力，剖析事物的本质，激发学生的爱国热情。

3. 思政目标

通过案例讨论过程，学生认识到主权信用货币地位与该国国际地位的关系、货币价值与综合国力的关系，明确拥有话语权的关键是一国综合实力的提高，树立学生正确的人生观、世界观和价值观。

三、教学重点与难点

1. 教学重点

以人民币国际化为重点，拓展到实现一国主权信用货币国际化的不同方面，人民币国际化质量和水平的提高过程，以及人民币货币地位与国家地位、国家实力的关系。

2. 教学难点

SWIFT 和 CIPS 的关系是什么？中国为何必须建立自己的人民币支付系统，减少对 SWIFT 的依赖，加强国际间资金清算的话语权和自主性。

四、案例介绍

人民币国际化指人民币在国际经济活动中越来越多的用于计价、结算支付和储备货币的过程。中国人民大学国际货币研究所公布的《人民币国际化报告 2021》显示，截至 2020 年底，人民币国际化指数 RII（RMB internationalization index）已达 5.02，同比大幅增长 54.20%。人民币国际使用量超过日元和英镑，已成为第三大国际货币。

《人民币国际化报告2021》指出，RII大幅增长得益于以下三方面的原因：第一，人民币国际贸易计价结算职能继续巩固。2020年全球范围内，国际贸易的人民币结算份额为2.91%，较上年提高了18.40%。第二，人民币金融交易职能显著增强。2020年底由直接投资、国际信贷、国际债券与票据等共同决定的人民币国际金融计价交易综合占比达到9.89%，同比增长84.23%，成为RII攀升的主要动力。第三，人民币国际储备职能进一步显现。目前超过75个国家和地区的货币当局将人民币纳入外汇储备，截至2021年第一季度，人民币在全球央行和货币当局的外汇储备规模为2875亿美元，占比2.5%，与2016年加入SDR时相比提高了1.4个百分点。

2022年3月31日，国际货币基金组织（IMF）发布的相关数据显示，2021年第四季度，人民币在COFER中占比再度上升，由2020年三季度的2.66%升至2.79%，位居全球第五位。

五、教学方法与手段

坚持"学生为主体，教师为主导"的原则，借助雨课堂等在线教育平台，通过翻转课堂、线上和线下混合教学方式完成教学任务，达到教学目的。一方面，教师将结合思政教育的课程文学参考资料、讨论主题等提前在在线教育平台向学生发布，有利于学生提前预习。另一方面，在线下面授过程中，学生可以利用雨课堂等在线教育平台发送弹幕的功能，积极发表观点和提问，在线发起讨论话题。这样的教学方式既可以调动学生学习的积极性，加强学生对人民币国际化相关知识的掌握与运用，同时加强师生之间交流，由教师在线上和线下多层次引导学生将专业知识和课程思政内容相衔接。

六、教学实施过程

1. 案例背景知识介绍

2022 年 5 月 11 日，国际货币基金组织（IMF）执董会完成了五年一次的特别提款权（SDR）定值审查，这是 2016 年人民币成为 SDR 篮子货币以来的首次审查。执董会一致决定，维持原有 SDR 篮子货币构成不变，即仍由美元、欧元、人民币、日元和英镑构成，将人民币权重由 10.92% 上调至 12.28%（升幅 1.36 个百分点），人民币权重仍保持第三位，这是人民币国际化程度提高的进一步体现。

2. 开展案例讨论

（1）讨论前准备。

①小组分组。

②将案例线上提前发布，同学阅读案例并根据案例内容回顾课程中所学知识点。

A. 一国货币在国际支付中的比重与什么有关？

B. 主要的国际资金结算系统有哪些？分别起什么作用？

C. 一个外汇储备的货币构成有哪些特点？

D. 人民币的国际化体现在哪些方面？

（2）讨论中提问。

教师通过问题的设置，引导学生讨论思路，激发学生主动思考。

①根据最新数据，讨论人民币在国际支付中的占比及其形成原因。

环球银行金融电信协会（SWIFT）近日发布的报告显示，2022 年 1

月，人民币在国际支付中占比 3.20%，人民币在国际支付中的份额占比升至第四。与 2021 年 12 月相比，人民币支付金额总体增加了 10.85%。这也是 2015 年 8 月中国央行"汇改"以来，人民币国际支付全球排名首次超越日元。

人民币的强势表现与中国经济的较好发展密不可分，我国进出口贸易在全球中的比重提高导致人民币在国际支付中的份额提升。中国银行研究院高级研究员王有鑫认为："在全球供应链瓶颈下，海外进出口贸易和物流循环不畅，订单纷纷涌入我国，在我国进出口贸易规模增长带动下，人民币结算在国际贸易中的份额提升。"

较快发展的中国经济、相对稳定的人民币汇率、强大的中国综合国力支撑着人民币国际化迈上新台阶。

思政点：中国已是世界第二大经济体和第一大货物贸易国，人民币在国际支付中的比重升至第四，说明其他国家对人民币作为主权信用货币的信心日益增强，也是其他国家相信中国有综合国力支持人民币的货币价值的体现。

② 可以找到美国通过 SWIFT 系统制裁他国的哪些案例？我国为什么要建立人民币跨境支付系统（CIPS）？我国从此可以得到什么教训呢？

2022 年 2 月 26 日晚间，美欧加等国发布"关于进一步对俄罗斯经济制裁措施的联合声明"，宣布将俄罗斯部分银行剔出 SWIFT 系统。

近年来，美国通过 SWIFT 系统制裁他国有许多重大案例。2012 年，美国联合欧洲升级对伊朗的金融制裁，并将伊朗 4 家重要银行从"环球银行金融电信协会"系统中剔除，导致伊朗石油出口收入锐减一半。2017 年，在美国主导下，应联合国安理会的制裁要求，SWIFT 系统全

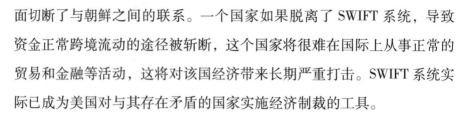

面切断了与朝鲜之间的联系。一个国家如果脱离了 SWIFT 系统，导致资金正常跨境流动的途径被斩断，这个国家将很难在国际上从事正常的贸易和金融等活动，这将对该国经济带来长期严重打击。SWIFT 系统实际已成为美国对与其存在矛盾的国家实施经济制裁的工具。

中国于 2015 年 10 月建立了人民币跨境支付系统，简称 CIPS，这是由中国人民银行开发的独立支付系统，为境内外金融机构人民币跨境和离岸业务提供资金清算和结算业务。至 2022 年 4 月，CIPS 共有参与者 1307 家，其中直接参与者 76 家，间接参与者 1231 家；间接参与者中，亚洲 949 家（境内 544 家），欧洲 169 家，非洲 44 家，北美洲 29 家，大洋洲 23 家，南美洲 17 家，覆盖全球 104 个国家和地区。2021 年，人民币跨境支付系统处理业务 334.16 万笔，金额 79.60 万亿元，同比分别增长 51.55% 和 75.83%。CIPS 在全球推动跨境人民币交易中，已与包括日本银行、俄罗斯各大金融机构和"一带一路"沿线国家展开金融合作。

在国际金融市场错综复杂，SWIFT 系统处于垄断地位的背景下，我国 CIPS 系统的不断发展、成熟和壮大，将会给其他国家和地区提供更高效、更便捷、更全面、更安全的人民币清算服务，支持和服务人民币国际化，促进国际金融市场的繁荣和稳定。

可以预知的是，以我国的贸易体量，如果将中国移除 SWIFT 系统，世界国际贸易将面临难以估量的损失。如果中国不能使用 SWIFT 系统，人民币支付结算系统将成为人民币跨境支付有力的替代者，进一步减少对 SWIFT 的依赖，加强国际资金清算的话语权和自主性。在关键时候能避免被人卡了脖子，这是 CIPS 存在的最大意义。

思政点：CIPS 的建立，说明人民币的跨境支付不再完全依赖由美国操控的 SWIFT 系统，增强我国在国际资金清算的话语权和自主性。

③外汇储备的币种结构管理有哪些原则？中国作为全球第二大经济体，人民币作为官方储备货币的地位如何？SDR 权重的提高有何重要意义？

国际货币基金组织（IMF）发布的"官方外汇储备货币构成（COFER）"数据显示，2021 年第四季度，人民币在 COFER 中占比再度上升，人民币外汇储备总额由 2020 年第三季度的 3201.5 亿美元升至 3361 亿美元；人民币在全球外汇储备中的占比由 2020 年第三季度的 2.66% 升至 2.79%，位居全球第五位。从 2018 年第四季度起，人民币连续 13 个季度为全球第五大国际储备货币。自 2016 年 10 月份加入特别提款权（SDR）以来，人民币在全球外汇储备中的占比从 1.08% 开始稳步上升。人民币全球外汇储备占比创新高，体现了国际社会对中国经济稳健运行的信心。

国际货币基金组织总裁拉加德 2015 年 11 月 30 日在华盛顿举行新闻发布会宣布，国际货币基金组织执董会会议决定将中国的人民币纳入国际货币基金组织特别提款权货币篮子，人民币成为继美元、欧元、英镑、日元之后的第五个成员，人民币成了真正的"世界货币"，新的货币篮子于 2016 年 10 月 1 日正式生效。2022 年 5 月 11 日，IMF 执董会将人民币在 SDR 货币篮子中的权重由 10.92% 上调至 12.28%（升幅 1.36 个百分点），人民币权重仍保持第三位。

成为 SDR 篮子货币必须满足两个标准：出口标准和可自由使用的标准。如果一种货币的发行人是 IMF 成员或包括 IMF 成员的货币联盟，并且也是世界前五名出口国之一，则该货币符合出口标准；一种被 IMF 确定为"可自由使用"的货币，它必须被广泛用于支付国际交易，并

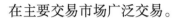

在主要交易市场广泛交易。

将人民币纳入 SDR 是人民币国际化的里程碑，是对中国经济发展成就和金融业改革开放成果的肯定，也有利于国际货币体系改革向前推进。人民币在 SDR 货币篮子中权重的提高也代表着中国政府在国际货币体系改革中更有话语权。

思政点：人民币在全球外汇储备货币构成中占第五位，2022 年 5 月 11 日，IMF 将人民币在 SDR 货币篮子中的权重提高至第三位，说明我国经济实力的增强及在国际货币体系中话语权的提高。

④在现代国际货币体系下，影响一国主权信用货币价值的关键因素是什么？和人民币国际化的关系是什么？

国家实力是支撑一国主权信用货币价值的决定性因素，即实力→信用→话语权的关系。人民币在支付、结算、储备货币等方面国际地位的提高，使我们拥有在国际货币体系中的话语权。依靠人民币的国际地位有效维护我国的经济利益，是促进我国经济高质量发展、推动我国走向经济强国的必然选择。

我国高质量的国内经济发展和国际贸易、金融的相互促进，也将进一步促进人民币国际化，全面增强人民币的硬实力和软实力。

思政点：将国际金融课程相关知识点和人民币国际化的热点新闻相结合，增强学生的道路自信、理论自信、制度自信与文化自信。

（3）讨论步骤。

①同组同学观点交流。

②向同组不同观点的同学提问。

③总结小组观点，形成案例讨论报告，向全班汇报。

3．教师点评

根据学生案例讨论报告内容和课程知识点，评价学生分析社会经济热点事件的能力，进一步引导学生将讨论内容和思政内容相融合。

七、考核与评价方式

将案例讨论中的过程表现纳入考核中，从知识、思辨能力和思政三方面考核，打分分为小组讨论中各位同学的表现、参与程度和案例讨论报告三个部分。

八、实施成效

在掌握关于一国主权信用货币国际化的理论知识的基础上，提高学生观察和分析国际金融热点事件的主观能动性，认识到我国内外贸相互促进的"双循环"发展为人民币国际化程度的不断提高打下牢固基础。人民币在国际金融市场上作为主权信用货币的实力不断增强，体现中国在国际政治经济上的大国担当，由此增强学生的四个自信，培养全面发展、有独立思考能力的高素质人才。

本课程思政教学案例是对本科院校国际金融课程思政教学的探索，为国际金融及金融类相关课程的思政建设提供参考，用课程知识和思政教育结合的方式探究了可行性实施方法，探索性地将思政教育目标融入课程考核评价。

通过国际金融专业课实施在教学目的、教学内容和教学方法等方面的课程思政教学改革，是经济类本科院校与时俱进的人才培养新模式。每一位专业课教师都应重视课程思政教学，以线下线上课堂混合的方式将专业课知识与思政内容有效融合，从而培养德智体美劳全面发展的高质量人才。

推荐文献

［1］姜波克. 国际金融新编［M］. 6 版. 上海：复旦大学出版社，2018.

［2］克鲁格曼，奥伯斯法尔德，梅里兹. 国际金融：第十一版［M］. 丁凯，黄都，储蕴，等译. 北京：中国人民大学出版社，2021.

［3］陈雨露. 国际金融［M］. 6 版. 北京：中国人民大学出版社，2021.

第二编

经济学专业
课程思政案例

扎实推进共同富裕，助力革命老区发展

主讲教师

刘 懿，经济学博士，湖南大学经济与贸易学院副教授，主要研究方向为工业组织理论、国际贸易。

一、课程信息

1. 课程名称

西方经济学（微观）。

2. 课程类型

拓展型课程。

3. 授课对象

经济学专业本科一年级学生。

4. 知识点

一般均衡与效率。

5. 教学课时

1 学时。

二、教学目标

1. 知识目标

帮助学生系统性掌握一般均衡与效率的基本概念、原理和研究方法，理解现代经济当中市场机制（包含消费和生产）的运行和作用。深刻掌握帕累托最优、公平与效率及社会福利的界定和概念运用。

2. 技能目标

学生应能以一般均衡视角，从市场之间相互联系、相互依存的角度，深入考察并理解市场活动，掌握局部均衡与一般均衡的区别，了解一般均衡分析的基本结构。能独立建立竞争性市场机制与帕累托最优之间的联系，重点从交换和生产两个方面讨论经济实现效率的必要条件，以期熟练分析竞争性市场是如何帮助社会实现资源的有效分配，最终结合国家顶层设计独立思考效率与公平的关系。

运用 BOPPPS 教学法，结合小班报告、分组讨论、雨课堂弹幕等形式，引导学生思考，培养学生运用一般均衡理论及帕累托最优原理，理解加快革命老区发展以实现共同富裕的历史必要性。同时强化学生的思辨能力，培养学生搜集和处理宏观经济数据的能力，培养学生自我学习、自我消化、自我更新知识的能力，锻炼学生团队协作和展示演讲的能力。

3. 思政目标

本章主要分析单个决策单位之间、不同市场之间的相互联系，评价有限生产要素在不同产业之间的最佳配置，以及有限的商品在不同消费者之间的最佳分配方式。通过对本章的学习，学生能掌握一般均衡和帕累托最优的基本概念和实现条件，掌握运用埃奇沃斯盒状图进行分析的方法，理解竞争性均衡和经济效率的关系。结合帕累托改进的概念和每一个中国人享受改革开放红利的现实，引导学生充分理解公平、效率与推进共同富裕的重要历史意义，建立道路自信、制度自信、理论自信、文化自信。

三、教学重点与难点

1. 教学重点

重点一：理解并掌握帕累托最优与共同富裕的理论联系。

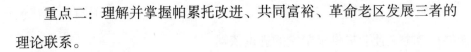

重点二：理解并掌握帕累托改进、共同富裕、革命老区发展三者的理论联系。

2. 教学难点

难点一：理解助力革命老区发展是我国实现共同富裕的重要举措之一。

难点二：在充分掌握帕累托改进和帕累托最优的概念与区别的前提下，深入掌握实现革命老区发展的科学路径实际上是推动帕累托改进的过程。

四、案例介绍

党的十九大报告明确提出，从 2020 年到 2035 年，人民生活更为宽裕，中等收入群体比例明显提高，城乡区域发展差距和居民生活水平差距显著缩小，基本公共服务均等化基本实现，全体人民共同富裕迈出坚实步伐；从 2035 年到本世纪中叶，全体人民共同富裕基本实现，我国人民将享有更加幸福安康的生活，中华民族将以更加昂扬的姿态屹立于世界民族之林。实现全体人民共同富裕，一方面是由中国共产党性质宗旨决定的，另一方面也是由中国特色社会主义制度决定的，是中国式现代化的一个显著特色。①

综上所述，根据帕累托最优的基本概念，它与共同富裕的理论联系在于，帕累托最优关注资源配置的效率，而共同富裕则强调资源分配的公平性，二者在理论上互为补充。通过科学设计和合理施策，我们可以

---

① 银川市人民政府研究室：《在奋进共同富裕新征程中展现首府担当》，载《银川日报》2022 年 12 月 21 日。

实现资源配置的高效与公平兼顾。这为构建繁荣、公平且具有中国特色的社会主义社会提供了坚实的理论依据。

1. 习近平总书记关于"共同富裕"重要指示

党的十九大以来，习近平总书记发表了一系列重要讲话，为科学界定中国特色社会主义框架下的共同富裕，并逐步实现全体人民共同富裕提供了科学指引。2021 年 2 月，习近平总书记在听取贵州省委和省政府工作汇报时提到"共同富裕本身就是社会主义现代化的一个重要目标，要坚持以人民为中心的发展思想，尽力而为，量力而行，主动解决地区差异、城乡差距、收入差距等问题，让群众看到变化、得到实惠"；2021 年 8 月，习近平总书记在中央财经委员会第十次会议上强调"共同富裕是社会主义的本质要求，是中国现代化的重要特征。我们说的共同富裕是全体人民共同富裕，是人民群众物质生活和精神生活都富裕，不是少数人的富裕，也不是整齐划一的平均主义"；2021 年 11 月习近平总书记在省部级主要领导干部学习贯彻党的十九届五中全会精神专题研讨班上的讲话指出"实现共同富裕不仅是经济问题，而且是关系党的执政基础的重大政治问题"；在 2022 年 10 月举行的中国共产党第二十次全国代表大会上，习近平总书记提出"从现在起，中国共产党的中心任务就是团结带领全国各族人民全面建成社会主义现代化强国、实现第二个百年奋斗目标，以中国式现代化全面推进中华民族伟大复兴"，将实现共同富裕与中国式现代化过程紧密、有机地联系起来。

2021 年 3 月 12 日，《中华人民共和国国民经济和社会发展第十四个五年规划和 2035 年远景目标纲要》（以下简称"《纲要》"）对外公布。《纲要》强调要"坚持以人民主体地位、坚持共同富裕方向，始终做到发展为了人民、发展依靠人民、发展成果由人民共享，维护人民根本利益，激发全体人民积极性、主动性、创造性，促进社会公平，增进民生福祉，不断实现人民对美好生活的向往"。

2. 革命老区振兴发展与共同富裕

"共同富裕"源自儒家经典《礼记·礼运》，"大道之行天下为公"的"大同"设想。追求公平、实现共同富裕是几千年来历代哲人与普通民众的向往，也是无数先贤志士的不懈追求。[①]毛泽东同志在新中国成立之初就提出了共同富裕问题，并指出共同富裕是"共同的富""共同的强"；邓小平同志创新地提出了"先富带动后富"的理念，是邓小平理论的重要组成部分；进入新时代，习近平同志指出"人民对美好生活的向往，就是我们的奋斗目标"，鼓励全党全国人民朝着实现共同富裕的目标稳步前进。[②]

革命老区作为中国共产党领导人民群众取得革命胜利的空间载体，曾为中国革命的胜利做出过巨大的牺牲和贡献，蕴藏着极丰富的红色文化价值与革命精神财富。同时，革命老区也是民族地区、偏远山区和巩固脱贫攻坚成果重点区域，成为实现全民共同富裕亟待填平的"共富洼地"。1949年以来，党和政府对老区的建设与发展给予了大力支持，革命老区人民生活水平有了明显的提高，但由于区位、资源、人才、交通，特别是要素禀赋的差异，与其他地区相比，多数革命老区发展相对滞后，人民物质生活水平相对不高。由此可见，助力革命老区发展是我国实现共同富裕的重要举措之一。

据1995年统计，我国社会主义建设时期的革命老区（含老区乡镇）18995个。它们分布全国27个省、自治区、直辖市的1300多个县

---

① 肖著清：《新时代革命老区振兴发展思想研究》，江西理工大学，2019年。
② 张占斌：《新时代共同富裕的时代内涵和战略部署》，光明网，2022年9月7日。

（市、区）。土地革命战争时期的革命根据地包括井冈山等 18 处革命根据地；抗日战争时期的抗日根据地包括陕甘宁等 17 处抗日根据地及抗日游击区。

3. 我国老区支持政策体系简介

党的十八大以来，按照党中央、国务院决策部署，围绕加快革命老区开发建设和脱贫攻坚，已初步形成了"1258"的老区支持政策体系。1 个总体指导意见：2015 年 12 月中共中央办公厅、国务院办公厅印发的《关于加大脱贫攻坚力度支持革命老区开发建设的指导意见》是新时期脱贫攻坚以来指导全国革命老区开发建设与脱贫攻坚的纲领性文件，《意见》中提出"到 2020 年，老区基础设施建设取得积极进展，特色优势产业发展壮大，生态环境质量明显改善，城乡居民人均可支配收入增长幅度高于全国平均水平，基本公共服务主要领域指标接近全国平均水平，确保我国现行标准下农村贫困人口实现脱贫，贫困县全部摘帽，解决区域性整体贫困"的目标。2 个区域性政策意见：《关于支持赣南等原中央苏区振兴发展的若干意见》（国发〔2012〕21 号）和《关于山东沂蒙革命老区参照执行中部地区有关政策通知》（国办函〔2011〕100 号）。

4. 基于帕累托改进的革命老区发展路径

根据《国务院关于新时代支持革命老区振兴发展的意见》以及《"十四五"特殊类型地区振兴发展规划》的有关要求，支持革命老区走出新时代振兴发展新路径可概括如下：[1]（一）健全防止返贫动态监测和帮扶机制；（二）加大易地扶贫搬迁后续扶持；（三）深入实施以

---

[1] 湖南省人民政府办公厅：《"十四五"支持革命老区振兴发展实施办法》（湘政办发〔2022〕39 号）。

工代赈和消费帮扶；（四）集中支持一批革命老区乡村振兴重点帮扶县；（五）大力实施乡村建设行动；（六）推进革命老区重点县城建设；（七）支持革命老区重点城市发展；（八）加强公共服务设施建设；（九）加快推进农业现代化；（十）加快发展特色制造业；（十一）培育发展特色服务业；（十二）加强产业园区和产业平台建设；（十三）加快绿色转型发展；（十四）加强政策支持；（十五）完善帮扶机制；（十六）强化组织实施。

以上举措从建立长效帮扶机制、推动革命老区城乡融合发展、支持革命老区特色产业发展、完善政策体系和组织保障等维度出发，构建了一套以帕累托改进为理论基础的新时代革命老区振兴发展新路径。

五、教学方法与手段

在 BOPPPS 教学法中贯穿启发式的教学法，鼓励学生讨论和发表意见，层层设问，引导学生批判性地思考，实现布鲁姆认知层次的提升。

1. 课前

要求学生登陆课程中心网站，通过教学大纲和教学进程表了解本课时的教学内容，提前阅读教科书，观看慕课，推送雨课堂课件，回答教师提出的前置问题，鼓励学生留言发表预习时的思考，通过预习强化学生自学能力和知识应用能力。为学生推送相关文献、时政新闻和领导人讲话，引导学生将本课时重要知识点融入实际。学生小组合作，在权威数据库查找和下载重要经济数据，并整理制作图表，准备课堂展示。通过学习小组内部互动协作提高学生搜集和处理关键经济数据的能力，锻炼团队协作和展示演讲的能力。其中，思政元素融入课程预习材料中，学生在预习和思考时也会受到影响。

2. 课中

课堂以讲授为主，结合多种教学方法。使用问题驱动法导入课程知识点。使用案例分析法，结合我国案例中提示的革命老区分布构成提示学生进行各革命老区的宏观数据搜集，以掌握现今各个革命老区的发展现状，为导入共同富裕夯实数据基础。部分案例的数据由学生展示小组作业成果并分析，提高学生沟通何表达能力，通过参与式教学加深学生对我国在加快革命老区发展实现共同富裕过程中所取得的辉煌成就，强化中国特色社会主义道路自信、理论自信、制度自信、文化自信。通过讨论式教学法，提升学生知识运用能力、沟通能力和思辨能力。利用雨课堂弹幕、QQ 群匿名发言、在线问卷评分等方法进行互动式教学、讨论、答疑等，突出学生主体性，并完成师生互评和学生互评。通过实际案例和数据的分析和讨论，以事实为依据，将思政元素内化在知识点中。在思政教育过程中，尽量做到"盐溶于水""润物细无声"，减少说教。

3. 课后

学生总结归纳课程内容，完成课后作业，巩固重要知识点。在课后的 QQ 群讨论中，允许学生开启匿名发言功能，消除学生提问顾虑。同时，通过小组作业强化本课时知识点和思政知识点，巩固思政教育效果。

六、教学实施过程

上述案例的撰写，采用的是由面及点的方式，先向学生介绍具有中国特色社会主义框架下的共同富裕，以及习近平总书记对于共同富裕的科学界定及重要指示。其次，基于共同富裕这一顶层设计，引入革命老区及其介绍。使学生了解革命老区作为中国共产党领导人民群众取得革命胜利的空间载体，是实现全民共同富裕亟待填平的"共富洼地"。最终，本案例教学过程拟以湖南省革命老区振兴发展为例，阐述革命老区振兴发展的战略定位、发展目标和具体做法。

七、考核与评价方式

本章节将以案例讨论与学生分组探讨为基本考核、评价方式。具体而言，拟以讨论课堂中学生分组讨论以上案例并公开阐释小组讨论心得为基本方式，进行评分与考核。

八、实施成效

本课程学习，使学生充分了解共同富裕的科学界定，引导学生树立社会主义核心价值观，培养学生的家国情怀、民族自豪感和社会责任感，培养学生的道路自信、理论自信、制度自信、文化自信。

推荐文献

［1］何立峰. 扎实推进革命老区开发建设与脱贫攻坚［J］. 行政管理改革，2016（6）：16-21+2.

［2］裴广一，葛晨. 中国共产党对实现共同富裕的百年探索与实践启示［J］. 学术研究，2021（12）：11-18.

［3］程刚. 论习近平实干思想的逻辑理路［J］. 中共云南省委党校学报，2019（2）：70-73.

［4］陈坚，常梦茹，东方. 决胜全面建成小康社会［J］. 共产党员，2020（13）：21-22.

［5］杨茂，王玮. 美好生活权视域下城乡最低生活保障制度统筹发展的现实问题及破解路径［J］. 才智，2021（1）：123-126.

［6］冯志宏，党的二十大精神融入课程思改的价值旨归、核心要义与实践路向［J］. 延安大学学报（社会科学版），2023（1）：11-17+2.

［7］李鑫，王朋岗. 中国特色社会主义收入分配制度演进与新时代展望［J］. 经济论坛，2023（12）：15-29.

加快构建新发展格局，着力推动高质量发展

主讲教师

魏思超，经济学博士，湖南大学经济与贸易学院副教授，主要研究方向为发展经济学、环境经济学和经济动态系统。

一、基本信息

1. 课程名称

西方经济学（宏观）。

2. 课程类型

基础型课程。

3. 授课对象

经管类专业本科一年级、二年级学生。

4. 知识点

经济增长核算、促进经济增长的政策。

5. 教学课时

2学时。

二、教学目标

1. 知识目标

帮助学生学习经济增长的概念，理解经济增长的典型事实及其直接和本质原因，应用经济增长核算的方法分析经济增长的直接原因，评价促进经济增长的政策，鼓励学生阅读有关经济增长的经济学文献，为学生播撒从事科学研究创新的种子。

2. 技能目标

运用BOPPPS教学法，结合小班报告、分组讨论、雨课堂弹幕的形式，引导学生思考，培养学生运用经济增长核算理论分析中国经济增长原因的能力，强化学生的思辨能力，培养学生收集和处理宏观经济数据的能力，培养学生自我学习、自我消化、自我更新知识的能力，锻炼学生团队协作和演讲展示的能力。

3. 思政目标

通过纵向对比中国过去的经济增长历程与横向对比其他发展中国家的经济增长历程，向学生展示中国经济飞速增长的奇迹以及经济增长所带来的巨大社会经济变化，培养学生的道路自信、理论自信、制度自信、文化自信。通过介绍中国目前面临的经济增长挑战，帮助学生了解新发展阶段，把握新发展理念。分析我国经济发展战略，塑造学生对中国特色社会主义经济思想知识体系的理解。引导学生参与高质量发展相关实践，培养学生经世济民精神。

三、教学重点与难点

1. 教学重点

（1）经济增长的典型事实、根本原因和直接原因，经济增长核算方程的推导和含义。经济增长核算是连接现实与理论的重要桥梁，也是解释经济增长原因的重要方法。

（2）把握新发展阶段，贯彻新发展理念，构建新发展格局。新发展理念为解决中国目前经济增长面临的瓶颈问题以及未来经济发展的道路方向提供了根本性的政策指引。综上，本案例的教学重点围绕经济增长核算方程和新发展理念展开。

2. **教学难点**

（1）经济增长核算方程的推导。推导过程涉及高等数学方法的应用，考虑到部分学生数学功底有所欠缺，因此在教学过程中教师应当注意帮助学生复习相关高等数学知识。

（2）理论和现实的结合。为帮助学生更好地理解经济增长核算方程的含义，在教学过程中教师应该指导学生搜集、整理和呈现宏观经济数据，运用理论知识对现实数据加以解释，展现中国共产党领导下的经济建设取得的伟大成就，增强学生对经济理论的理解，对学生进行思政教育。

四、案例介绍

过去的几十年，中国经历了人类历史上前所未有的经济增长奇迹。[①] 中国年均 GDP 增长率达到 8%，从 2012 年开始，中国成长为仅次于美国的世界第二大经济体，2021 年占世界经济的比重达到 18.5%。目前，中国还是世界制造业第一大国、货物贸易第一大国、商品消费第二大国、外资流入第二大国，外汇储备连续多年位居世界第一，中国人民在富起来、强起来的征程上稳步前进。[②]

图 1 绘制了 1960—2020 年部分代表国家的经济增长情况。这些国家可以分为四组。第一组国家以美国和日本等发达国家为代表，这些国

---

① 高培勇等：《深入学习贯彻习近平总书记重要讲话精神 加快构建中国特色经济学体系》，载《管理世界》2022 年第 6 期。

② 习近平总书记 2018 年 12 月 18 日在庆祝改革开放 40 周年大会上的讲话，http：//jhsjk.people.cn/article/30474974。

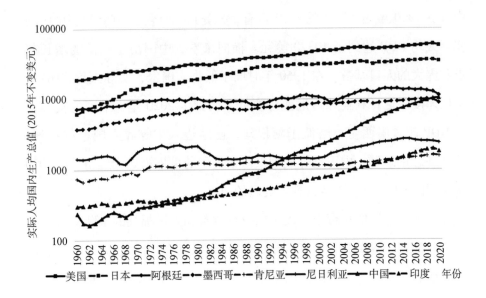

图1　1960—2020 年部分国家的经济增长①

家在过去的 60 年中保持了较为平稳的经济增长。到 2020 年，美国的实际人均 GDP 达到 58560 美元，日本则达到 34813 美元。第二组国家以阿根廷和墨西哥为代表，在过去的 60 年间，这些国家的实际人均 GDP 始终在 1 万美元左右徘徊，这些国家被认为陷入了"中等收入陷阱"。第三组国家以尼日利亚和肯尼亚等非洲国家为代表，在过去的 60 年间，这些国家的实际人均 GDP 在较低的水平上波动，被认为陷入了"贫困陷阱"。第四组国家以中国和印度等新兴经济体为代表，这些国家在过去的 60 年间实现了较大幅度的经济增长和赶超，属于经济增长奇迹的国家。

中国的经济增长速度在以上四组国家中无疑是最快的。纵向来看，

---

①　The World Bank（2022）。

中国在 1960 年的实际人均 GDP 仅有 238 美元。而到了 2020 年，中国的实际人均 GDP 达到了 10370 美元。横向来看，中国由于较低的增长起点和庞大的人口基数，在 1960 年时属于低收入国家，实际人均 GDP 甚至比印度、尼日利亚和肯尼亚还要低。而到了 2020 年，中国的实际人均 GDP 超过墨西哥，略低于阿根廷，已经迈入中等收入国家的行列。从经济总量来看，中国已经成为仅次于美国的世界第二大经济体，2020 年中国的 GDP 总量已经达到了美国的 70%。

中国的经济增长带来了民生的持续改善和人民福祉的不断提升。中国全面推进幼有所育、学有所教、劳有所得、病有所医、老有所养、住有所居、弱有所扶。[①] 根据中国国家统计局公布的 2022 年数据，全国居民人均可支配收入达到 36883 元，中位数为 31370 元。教育事业蓬勃发展，九年制义务教育巩固率达 95.5%，高中阶段毛入学率达 91.6%；普通、职业本专科招生 1014.5 万人，在校生 3659.4 万人，毕业生 967.3 万人；研究生教育招生 124.2 万人，在读研究生 365.4 万人，毕业生 86.2 万人。社会保障体系全面覆盖，全国参加城镇职工和城乡居民基本养老保险人数合计超过 10.5 亿人，参加职工和城乡居民基本医疗保险人数合计超过 13.4 亿人，参加失业保险人数超过 2.3 亿人，并有近 4000 万人享受城市和农村最低生活保障。[②]

中国的经济增长还带来了人类历史上前所未有的减贫规模和速度，中国的减贫进程也始终领先于世界其他国家，[③] 为人类减贫事业做出了

---

① 习近平总书记 2018 年 12 月 18 日在庆祝改革开放 40 周年大会上的讲话，http://jhsjk. people. cn/article/30474974。

② 国家统计局：《中华人民共和国 2022 年国民经济和社会发展统计公报》2023，https://www. stats. gov. cn/sj/zxfb/202302/t20230228_ 1919011. html。

③ 财政部、国务院发展研究中心、世界银行：《中国减贫四十年：驱动力量、借鉴意义和未来政策方向》（2022）。

卓越贡献。随着中国实际人均 GDP 的逐年增长，中国的贫困人口绝对数量和占总人口的比例都不断下降。1981—2015 年，中国贫困人口由 8.78 亿人大幅度减少至 0.96 亿人，贡献了世界脱贫人口总量的 67%。[①] 图 2 展示了 1990—2019 年按照不同标准划分的中国贫困发生率数据（贫困人口占总人口的比例）。如果按每人每天 1.9 美元的全球绝对贫困标准衡量，中国的贫困发生率从 1990 年的 66.3% 下降到了 2019 年的 0.1%。如果更加严格地以每人每天 3.2 美元的贫困标准衡量，中国的贫困发生率从 1990 年的 90% 下降到 2019 年的 1.7%。而如果以最为严格的每人每天 5.5 美元的贫困标准衡量，中国的贫困发生率也从 98.1% 下降到了 15.8%。

是什么原因缔造了中国经济增长的奇迹？经济增长可以分为根本原因和直接原因两个方面。经济增长的根本原因包括制度、文化和地理因素。[②]

在制度的层面，中国共产党是中国特色社会主义事业的领导核心，处在总揽全局、协调各方的地位。[③] 社会主义基本经济制度是中国经济行稳致远的制度保障，[④] 在该制度底色之上，中国政府的有效治理、强有力的国家能力和对经济的有效推动在经济发展中发挥了重要作

---

① 高培勇等：《深入学习贯彻习近平总书记重要讲话精神 加快构建中国特色经济学体系》，载《管理世界》2022 年第 6 期。

② 《西方经济学》编写组：《西方经济学》（第二版）下册，高等教育出版社、人民出版社 2019 年版。

③ 习近平总书记 2015 年 2 月 2 日在省部级主要领导干部学习贯彻党的十八届四中全会精神全面推进依法治国专题研讨班上的讲话，http://jhsjk.people.cn/article/31784847。

④ 林木西、姚晓林：《社会主义基本经济制度是中国经济行稳致远的制度保障》，载《光明日报》2020 年。

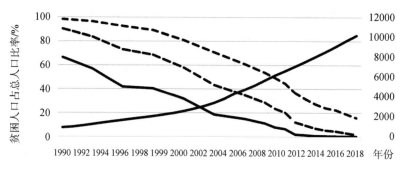

图 2　1990—2019 年中国人均国内生产总值和贫困人口比率①

用。② 2022 年 10 月 16 日，习近平总书记在中国共产党第二十次全国代表大会上的报告中明确指出："我们要构建高水平社会主义市场经济体制，坚持和完善社会主义基本经济制度，毫不动摇巩固和发展公有制经济，毫不动摇鼓励、支持、引导非公有制经济发展，充分发挥市场在资源配置中的决定性作用，更好发挥政府作用。"③

　　在文化的层面，中华优秀传统文化滋养了生长在这片土地上的人民。人们注重教育，崇尚知识，极大推动了人力资本积累。人们勤俭节约，较高的储蓄率促进了物质资本积累。人们甘于吃苦，勤劳肯干，

---

　　①　The World Bank（2022）。

　　②　高培勇等：《深入学习贯彻习近平总书记重要讲话精神 加快构建中国特色经济学体系》，载《管理世界》2022 年第 6 期。

　　③　习近平总书记 2022 年 10 月 16 日在中国共产党第二十次全国代表大会上的报告，https：//www. gov. cn/xinwen/2022-10/25/content_ 5721685. htm。

"汗水洒田野，飞船邀苍穹。高桥通天堑，深海潜蛟龙"。在无数普通劳动者胼手胝足的实干中，铸就了改天换地、彪炳史册的中国经济增长奇迹。[①] 2016 年 5 月 17 日，习近平总书记在全国哲学社会科学工作座谈会上指出："中华文明延续着我们国家和民族的精神血脉，既需要薪火相传、代代守护，也需要与时俱进、推陈出新。"[②] 这为中国经济增长提供持续不竭的文化能量。

在地理的层面，中国禀赋优越，基础设施建设成就显著。中国背靠欧亚大陆，面朝太平洋，幅员辽阔，陆地面积 960 万平方公里，跨纬度近 50 度，跨经度 60 多度。中国大陆海岸线绵延一万八千余公里，拥有台湾岛、海南岛、舟山群岛、南海诸岛等 6000 多个大小岛屿，天然良港众多，凭借得天独厚的条件，中国可以畅通无阻地与世界其他各国和地区进行贸易往来。中国改革开放 40 多年来，"信息畅通，公路成网，铁路密布，高坝矗立，西气东输，南水北调，高铁飞驰，巨轮远航，飞机翱翔，天堑变通途"[③]，极大地消除了地理阻隔对国内贸易的限制，有利于形成国内统一大市场，进而促进经济增长。

经济增长的直接原因包括技术水平进步和生产要素积累。技术进步和生产要素（包括劳动和资本）积累对经济增长率的贡献可以根据经济增长核算方程分解，经济增长核算方程可以写为：

产出增长率 =（劳动份额×劳动增长率）+（资本份额×资本增长率）+技术进步率

---

① 《这些老劳模，你认识几个？》，央视网，https：//mp. weixin. qq. com/s/zFiWn8AXDE7352t_ 91b2jg。

② 习近平总书记 2016 年 5 月 17 日在哲学社会科学工作座谈会上的讲话，http：//jhsjk. peo-ple. cn/article/31154163。

③ 习近平总书记 2018 年 12 月 18 日在庆祝改革开放 40 周年大会上的讲话，http：//jhsjk. people. cn/article/30474974。

或者可以写为：

产出增长率 = 劳动增加贡献+资本增加贡献+技术进步贡献

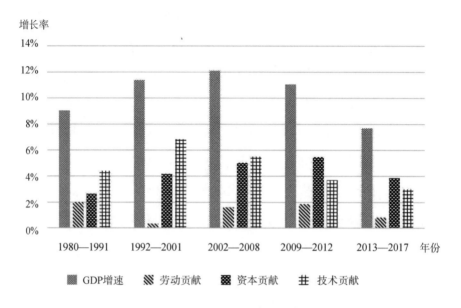

图3 1980—2017年中国经济增长的来源

图3显示了5个时期经济增长核算结果。[①] 总体而言，1980—2017年，劳动对经济增长的拉动呈现下滑趋势，资本对经济增长的拉动则上升后下降，技术进步对经济增长的贡献也先升后降，但较早出现拐点。1980—1991年，中国年平均GDP增长率为9.05%。劳动投入对GDP增长率的贡献为2.0个百分点，资本投入对GDP增长率的贡献为2.65个百分点，技术进步对GDP增长率的贡献为4.41个百分点。1992—2001年，中国年平均GDP增长率达到11.37%。劳动投入贡献GDP增长0.34个百分点，较前一个时期明显降低。资本投入贡献GDP增长4.19个百分点，技术进步贡献GDP增长6.84个百分点，两者都较前一个时

---

① 刘晓光、龚斌磊：《面向高质量发展的新增长分析框架、TFP测度与驱动因素》，载《经济学》2022年第2期。

期明显提高。2002—2008 年，中国年平均 GDP 增长率高达 12.13%。劳动投入拉动 GDP 增长 1.6 个百分点，资本投入拉动 GDP 增长 5.03 个百分点，技术进步拉动 GDP 增长 5.5 个百分点。2009—2012 年，中国年平均 GDP 增长率回落至 11.05%。劳动投入拉动 GDP 增长 1.87 个百分点，资本投入拉动 GDP 增长 5.47 个百分点，技术进步拉动 GDP 增长 3.71 个百分点。2013—2017 年，中国年平均 GDP 增长率下降至 7.69%。劳动投入拉动 GDP 增长 0.83 个百分点，资本投入拉动 GDP 增长 3.87 个百分点，技术进步拉动 GDP 增长 2.99 个百分点。

　　然而，中国的关键技术受到西方国家"卡脖子"封锁，资本的边际报酬递减，出生率也连年下降，城镇化率已经达到较高水平，中国的经济增长逐渐放缓，经济增长率由年均 10% 下降到近年来的 5% 左右。中国经济面临新旧动能的转换，还面临着跨越"中等收入陷阱"的挑战。与此同时，当今世界正经历百年未有之大变局，[①] 国际环境日趋复杂，不稳定性和不确定性明显增加，贸易摩擦、大国脱钩、新冠疫情、俄乌冲突等对经济增长造成负面冲击。面对这些挑战和复杂局势，唯有用发展的办法解决发展中的问题，才能从容应对风险挑战，在复杂形势下做到"任凭风浪起，稳坐钓鱼船"[②]。对于如何发展的问题，党的二十大报告做出了明确的回答："高质量发展是全面建设社会主义现代化国家的首要任务。发展是党执政兴国的第一要务。没有坚实的物质技术基础，就不可能全面建成社会主义现代化强国。必须完整、准确、全面贯彻新发展理念，坚持社会主义市场经济改革方向，坚持高水平对外开

---

　　① 习近平总书记 2017 年 10 月 18 日在中国共产党第十九次全国代表大会上的报告，https：//www. 12371. cn/2017/10/27/ARTI1509103656574313. shtml。

　　② 习近平总书记系列重要讲话读本（2016 年版），http：//jhsjk. people. cn/article/28343516。

放，加快构建以国内大循环为主体、国内国际双循环相互促进的新发展格局。"①在新发展阶段，如何深入理解并贯彻新发展理念，从而构建新发展格局呢？新发展理念涵盖"创新、协调、绿色、开放、共享"五个有机统一的重要维度。习近平总书记指出："创新是引领发展的第一动力，协调是持续健康发展的内在要求，绿色是永续发展的必要条件和人民对美好生活追求的重要体现，开放是国家繁荣发展的必由之路，共享是中国特色社会主义的本质要求，坚持创新发展、协调发展、绿色发展、开放发展、共享发展是关系我国发展全局的一场深刻变革，全党全国要统一思想、协调行动、开拓前进。"②

以新发展理念为指导，中央工作报告和领导人重要讲话对制度、技术、资本和劳动力都做出了重要论述，为未来中国经济保持持续增长提供了坚实的政策保障。

2022年《政府工作报告》针对经济制度强调要"坚定不移深化改革，更大激发市场活力和发展内生动力。处理好政府和市场的关系，使市场在资源配置中起决定性作用，更好发挥政府作用，构建高水平社会主义市场经济体制。"《政府工作报告》针对技术进步指出，要"深入实施创新驱动发展战略，巩固壮大实体经济根基。推进科技创新，促进产业优化升级，突破供给约束堵点，依靠创新提高发展质量。"《政府工作报告》还针对外资利用指出，要"扩大高水平对外开放，推动外贸外资平稳发展。充分利用两个市场两种资源，不断拓展对外经贸合

---

① 习近平总书记 2022 年 10 月 16 日在中国共产党第二十次全国代表大会上的报告，https：//www. gov. cn/xinwen/2022-10/25/content_ 5721685. htm。

② 习近平总书记 2021 年 1 月 28 日在十九届中央政治局第二十七次集体学习时的讲话，http：//jhsjk. people. cn/article/32502900。

作，以高水平开放促进深层次改革、推动高质量发展。"①

习近平总书记在 2022 年 4 月 29 日中共中央政治局第三十八次集体学习时针对资本生产要素强调："资本是社会主义市场经济的重要生产要素，在社会主义市场经济条件下规范和引导资本发展，既是一个重大经济问题，也是一个重大政治问题，既是一个重大实践问题，也是一个重大理论问题，关系坚持社会主义基本经济制度，关系改革开放基本国策，关系高质量发展和共同富裕，关系国家安全和社会稳定。必须深化对新的时代条件下我国各类资本及其作用的认识，规范和引导资本健康发展，发挥其作为重要生产要素的积极作用。"②

习近平总书记在 2013 年 12 月 12 日中央城镇化工作会议上针对人口和劳动力指出："解决好人的问题是推进新型城镇化的关键，城镇化最基本的趋势是农村富余劳动力和农村人口向城镇转移。从目前我国城镇化发展要求来看，主要任务是解决已经转移到城镇就业的农业转移人口落户问题。人要在城市落得住，关键是要根据城市资源禀赋，培育发展各具特色的城市产业体系，强化城市间专业化分工协作，增强中小城市产业承接能力，特别是要着力提高服务业比重，增强城市创新能力，营造良好就业和生活环境。要按照党的十八届三中全会精神，全面放开建制镇和小城市落户限制，有序放开中等城市落户限制，合理确定大城市落户条件，严格控制特大城市人口规模。推进农业转移人口市民化，要坚持自愿、分类、有序。现代化的本质是人的现代化，真正使农民变

---

① 2022 年 3 月 5 日时任国务院总理李克强同志在第十三届全国人民代表大会第五次会议上所作政府工作报告。

② 《依法规范和引导我国资本健康发展，发挥资本作为重要生产要素的积极作用》，载《人民日报》，2022 年 5 月 1 日，第 1 版。

为市民并不断提高素质，需要长期努力，不可能一蹴而就。"[①]

五、教学方法与手段

在 BOPPPS 教学法中贯穿启发式的教学法，鼓励学生讨论和发表意见，层层设问，引导学生批判性地思考，实现认知层次的提升。

1. 课前

要求学生登陆课程中心网站，通过教学大纲和教学进程表了解本课程的教学内容，提前阅读教科书，观看慕课，推送雨课堂课件，回答教师提出的前置问题，鼓励学生留言发表预习时的思考，通过预习强化学生自学能力和知识应用能力。为学生推送国家领导人讲话、相关文献、时政新闻，引导学生将本课程重要知识点融入。学生小组合作在权威数据库查找和下载重要经济数据，并整理制作图表，准备在课堂上展示。通过生生互动学习，提高学生搜集和处理关键经济数据的能力，锻炼团队协作和展示演讲的能力。其中，思政元素融入课程预习材料中，学生在预习和思考时潜移默化地受到影响。

2. 课中

课堂以讲授为主，结合多种教学方法。使用问题驱动法导入课程知识点。使用案例分析法，结合我国经济发展数据和新发展理念，教授增长核算方程的含义和应用方法。部分案例的数据由学生展示小组作业成果并分析，提高学生沟通和表达能力，通过参与式教学加深学生对我国经济发展政策及其取得成就的了解，强化中国特色社会主义道路自信、

[①] 2013 年 12 月 12 日习近平总书记在中央城镇化工作会议上的讲话。

理论自信、制度自信、文化自信。通过讨论式教学法，提升学生知识运用能力、沟通能力和思辨能力。利用雨课堂弹幕、课程群匿名发言、在线问卷评分等方法进行互动式教学、讨论、答疑等，突出学生主体性，并完成师生互评和学生互评。通过实际案例和数据的分析和讨论，以事实为依据，将思政元素内化到知识点中。在思政教育过程中，减少说教，尽量做到"盐溶于水"和"润物细无声"。

3. 课后

学生总结归纳课程内容，完成课后作业，巩固重要知识点。在课后的课程群讨论中，允许学生开启匿名发言功能，消除学生提问顾虑。同时，通过小组作业，强化本课时知识点和思政点，巩固思政教育效果。

六、教学实施过程

在课程导入环节，展示长沙市主要地标附近 30 年前的照片和现阶段照片的对比，通过小班报告的形式让学生分享家乡近几十年来衣食住行等方面的变化，对比祖父母、父母以及自己的生活水平，分组讨论这种变化背后的经济增长原因。通过该环节教学，教师和学生共同完成课堂预热，教师帮助学生建立抽象宏观经济数据和生活体验之间的联系。

在教学目标展示环节，向学生介绍本节课要学习的内容、重点和难点，以及要达成的教学目标。通过该环节为学生设定知识内容框架和目标。

在前测环节，通过雨课堂向学生推送关于数量方程式变化率正确形式以及关于全要素生产率的选择题，学生需要在限定时间内完成，考查学生预习知识的情况。通过该环节，帮助学生回忆相关的数学推导方法和重要概念，为本节课的数学工具和基本概念做好铺垫。

在参与式学习环节，教师和学生首先共同分析 1960—2020 年中国和主要发达国家（美国、日本、英国），中等收入国家（阿根廷、墨西哥）和低收入国家（尼日利亚、肯尼亚）的人均国内生产总值变化趋势，纵向和横向对比中国的经济增长历程。教师由此引导学生总结经济增长的典型经验，思考和讨论经济增长的原因、对社会经济的贡献、目前经济增长遇到的问题，以及未来增长方式转变等问题。教师接着总结学生的讨论结果，指出经济增长的根本原因和直接原因。根本原因在于中国特色社会主义制度和中国共产党的领导，中国优秀传统文化的滋养，以及中国位于亚洲东部和太平洋西岸的优良地理位置。直接原因可以根据柯布道格拉斯形式的总量生产函数推导经济增长核算方程，将经济增长分解为技术进步的贡献、劳动力的贡献和资本的贡献。基于此，教师为学生讲授中国促进经济增长的政策，进而为学生展示经济增长带来的减贫效果和 1960—2020 年中国在减贫事业上所取得的巨大成绩。教师还可以进一步鼓励学生列举由于经济快速增长，我国近十年在科学、教育、文化、卫生等诸多领域取得的伟大成就，以及自己生活发生的变化。教师最后向学生指出中国经济目前所面临的主要挑战，包括面临新旧动能的转换和面临跨越中等收入陷阱的挑战，由此引入新发展理念的思政主题。通过该环节，在教师和学生的互动中实现课程的主要教学内容和思政育人目标。

在后测环节，通过雨课堂向学生推送关于经济增长核算方程推导方法的课后作业。通过该环节，考查学生对主要课程内容的掌握情况，评估教学目标是否达成。

在总结环节，教师和学生共同制作思维导图，理顺本节课的知识脉

络，消化和巩固本节课的知识点。通过该环节，培养学生的知识整合、发散思维和布局规划的能力，夯实所掌握的知识。

七、考核与评价方式

对学生的考核方式包括课堂练习、课后作业和小班报告，评价维度包括能够熟练准确地运用柯布道格拉斯形式的总量生产函数推导经济增长核算方程，运用核算方程正确完成计算。学生还应能够掌握新发展理念的基本内涵，并且能够运用新发展理念探讨解决现实经济问题的途径。

八、实施成效

通过对本案例的学习，使学生理解经济增长的概念，熟悉中国经济增长的历程、现状和挑战，掌握中国经济增长的原因和成就，提高发现问题、分析问题和解决问题的能力，锻炼自我学习的能力。

在价值塑造的层面，本案例能帮助学生构建宏观经济数据和理论与自身生活的联系，通过学习经济增长核算方程，展示中国经济增长以及减贫等方面所取得的伟大成就，帮助学生树立道路自信、理论自信、制度自信、文化自信，帮助学生了解新发展阶段，把握新发展理念。

推荐文献

［1］习近平. 论把握新发展阶段、贯彻新发展理念、构建新发展格局［M］. 北京：中央文献出版社，2021.

［2］习近平. 习近平谈治国理政［M］. 北京：外文出版社，2014.

［3］习近平. 习近平谈治国理政：第二卷 ［M］. 北京：外文出版社，2017.

［4］习近平. 习近平谈治国理政：第三卷 ［M］. 北京：外文出版社，2020.

［5］习近平. 习近平谈治国理政：第四卷 ［M］. 北京：外文出版社，2022.

［6］刘起军. "三高四新"战略 ［M］. 长沙：湖南人民出版社，2021.

［7］达龙·阿西莫格鲁. 现代经济增长导论：上下册［M］. 北京：中信出版社，2019.

美国经济危机与中国稳就业实践

主讲教师

华　岳，经济学博士，湖南大学经济与贸易学院副教授，经济系主任，长期研究中国区位导向性政策、经济发展绿色转型以及流动人口相关经济问题。

一、课程信息

1. 课程名称

西方经济学（宏观）。

2. 课程类型

基础型课程。

3. 授课对象

人文社科专业本科学生。

4. 知识点

失业问题。

5. 教学课时

2 学时。

二、教学目标

1. 知识目标

通过课程讲解、案例分析、分组讨论等教学方法，向学生传授如下知识：失业的定义、原因、主要特征和基本分类，如何使用宏观经济学理论与模型分析失业的经济影响，如何使用宏观经济学理论与模型分析应对失业的有效方法，美国 1929 年经济危机中的失业问题，党的二十大以来关于"稳就业、保民生"的相关举措。

2. 技能目标

一是通过对于上述知识点的分析讲解，培养学生对于宏观经济学知识系统深入把握的能力。二是引导学生积极提出问题并带着问题进行思考，使之产生对知识的求索欲望，进而实现学生创新能力的全面提升。三是引导学生围绕知识点自由进行研讨，并形成心得报告，培养学生的主动学习意识，使之具备良好的自主学习能力。

3. 思政目标

以知识讲授为载体，以价值塑造为目的。坚持价值性，通过比较中国与西方国家在对待失业问题上的差异性，激励学生形成信仰、信念、信心，催发学生将爱国情、强国志融入持续不断的报国行动中，为有效传授学生知识提供价值引领；坚持知识性，将科学化、理论化、系统化的知识传授给学生，提升学生的思维能力，为正确引领学生价值观提供知识支撑。通过坚持价值性和知识性辩证统一，将正确的价值观和崇高的理想信念融于知识传授之中，教育学生坚定理想信念，站稳人民立场，练就过硬本领，投身强国伟业。

三、教学重点与难点

1. 教学重点

本案例教学重点：一是引导学生充分熟悉和理解美国 1929 年经济大危机的背景、成因和影响，突出说明资本主义为何天然无法化解经济危机，也无法合理解决失业问题。二是介绍如何使用宏观经济学理论与模型分析失业的经济影响及应对失业的有效方法，从学理上对于失业问题的经济学内涵与分析范式进行系统说明和深入剖析。三是充分应用中国政策与案例，通过对比事实和讲清道理，引导学生充分理解习近平新时代中国特色社会主义思想的系统性、科学性、实践性与优越性。

2. 教学难点

本案例教学难点：一是使用宏观经济学理论与模型分析失业的经济影响，需要培养和加强学生的宏观经济理论功底及数学推导能力。二是使用宏观经济学理论与模型分析应对失业的有效方法，需要学生在掌握理论分析工具的基础上进一步具备解决实际经济问题的政策导向意识。三是如何有效说明中国就业政策相比西方的显著优越性，将学生对于中国道路和中国制度的认同感内化于心，外化于行。

四、案例介绍

1. 美国 1929 年经济大危机

20 世纪 20 年代末的美国，国内需求严重不足，导致生产过剩，大量商品滞销，许多企业不得不解散工人、停工破产。美国面临有史以来最严重的经济危机，这场危机随后波及整个资本主义世界，被称为资本主义发展史上的大萧条。普通人大量失业是这场大萧条最为鲜明的特征和最为常见的现象。这一时期美国的失业率为 25% ~ 28%，约 1500 万到 1700 万人失业。当时，美国很多家庭出现一人养活全家的情况，若家中赚钱主力突然失业，家庭面临的困境可想而知。大萧条时期，一边是生产过剩，另一边是消费不足，市场缺乏流动性。穷人没钱消费，中产阶级不愿意消费。这一时期，美国的经济一直呈螺旋式下跌，华尔街股市崩溃。企业的商品卖不出去，利润降低；为了降低成本艰难存活，只能大规模裁员。

失业人口与日俱增，缺乏充足的现金进行消费，社会上面临消费不足，导致更多的商品卖不出去。普通人感到恐慌，不敢花钱，购买力全面萎缩。大量失业的美国人只能不断寻找新的工作。因为找工作的人太多，导致劳动力出现超额供给，资本家便尽可能压低工资，导致许多人尽管没有失业，但辛苦工作之后拿到的工资也仅能满足温饱需求。当时纽约的每条街道每天都有房东在驱赶交不起房租的房客。饭店的厨师把一桶残羹剩饭扔到厨房外的小巷里，立即就会有人从黑暗中冲出来争抢。露宿街头的年轻人不断增多，在街上捡报纸当铺盖，到中央公园和地下铁道站，或在寒冷的夜晚集中到垃圾焚化厂过夜。1930—1933年，美国人口历史上第一次从城市向乡村方向倒流。许多找不到工作的年轻人不得不离开大都市，到乡村的亲戚朋友那里去避难，靠自己动手种粮食以维持生活。年轻的夫妻为了节省开支也只能回家与父母一起居住，有些家庭甚至是和父母与兄弟姐妹挤在一起生活，被迫组成特大家庭。大萧条时期美国这样的特大家庭很常见，1934年1月对美国64座城市所做一项调查显示，特大家庭的数量已达到15%左右。

美国19世纪开始了轰轰烈烈的思想解放运动，越来越多的女性作为被雇佣的劳动者走出家庭，成为经济发展的重要支撑力量，但因为经济大萧条的发生，很多女性不得不回归家庭。随着大萧条的加剧以及劳动力的过剩，导致工作时间和工作报酬对所有人来说都严重不足，女性的职场优势逐渐缩小。因大萧条而失去立足之地的女性发现，再想找到工作已经很困难了。为了开源节流，女性常常接一些诸如缝纫、洗头、卷发、修指甲、烘焙、清理、搬运之类的工作，以此补贴家用。艰难维持的个体户开着车到旅行营地、路边售货亭、美容厅、小商品店进行兜售，失业的工人们开始变卖结婚戒指，抵押家具，凭人寿保险单借钱，或者向亲戚朋友求援，然而这些办法往往也是杯水车薪，只能勉强维持生计。

大萧条带来物质和精神的双重匮乏。失业者和他们的家人会减少大部分的社交，一家人常常睡得很晚，漫无目的地听着无线电广播，或者只是干坐着。许多家庭减少外出，把空余时间和精力投入下棋，拼图、桥牌之类的活动中。面对看不见希望的灰暗未来，民众不愿生孩子，生育率下降到前所未有的低点。长期失业会造成人精神上的萎靡，对一切失去兴趣，人们不再在乎自己的外表，任由头发蓬乱、胡子拉碴。追逐时尚的女性也开始节衣缩食，回归传统审美，变得保守而老派。这一时期，许多诡异的邪教粉墨登场，利用失业者心理上的恐惧与失落，对病急乱投医的大众进行煽动与精神控制，整个社会的矛盾迅速激化，已经到了彻底爆发的临界点。所幸美国在 1933 年迎来了罗斯福新政，对穷人和失业者进行救济，复兴工业、刺激需求、增加市场流动性，并针对金融系统进行一系列改革，总算缓和住了美国国内形势。

2. 中国促进就业的政策与实践

就业是最基本的民生。党的二十大报告中明确提出实施就业优先战略，强调强化就业优先政策，健全就业促进机制，促进高质量充分就业。健全就业公共服务体系，完善重点群体就业支持体系，加强困难群体就业兜底帮扶。统筹城乡就业政策体系，破除妨碍劳动力、人才流动的体制和政策弊端，消除影响平等就业的不合理限制和就业歧视，使人人都有通过勤奋劳动实现自身发展的机会。面对复杂多变的环境，如何做好民生保障和社会稳定工作，中央政策持续释放出明确信号，要求各相关部门坚持以习近平新时代中国特色社会主义思想为指导，坚持把稳就业摆在更加突出位置，强化底线思维，做实就业优先政策，健全有利于更充分更高质量就业的促进机制，坚持创造更多就业岗位和稳定现有就业岗位并重，突出重点、统筹推进、精准施策，全力防范化解规模性失业风险，全力确保就业形势总体稳定。2019 年 12 月，《国务院关于进一步做好稳就业工作的意见》发布，针对新发展阶段的稳就业工作提出了如下重点举措：①

一是支持企业稳定岗位。将阶段性降低失业保险和工伤保险费率、失业保险稳岗返还及职工在岗培训补贴政策延续实施。加强对民营企业和小微企业的金融支持，引导企业开拓国内市场，规范企业裁员行为。

二是开发更多就业岗位。支持社区生活、家政、旅游、托育、养老等吸纳就业能力强的服务业发展。合理扩大有效投资，适当降低部分基础设施等项目资本金比例。研究适时进一步降低进口关税和制度性成本。

三是促进劳动者多渠道就业创业。降低小微企业创业担保贷款申请条件。启动新就业形态人员职业伤害保障试点，抓紧清理、取消不合理或限制灵活就业的规定。对享受灵活就业社会保险补贴或从事公益性岗位政策期满仍未稳定就业的困难人员，政策享受期限可延长。

四是大规模开展职业技能培训。大力推进职业技能提升行动，扩大技能人才培养培训规模，加强职业培训基础能力建设。组织城乡未继续升学的初高中毕业生、有意愿的年轻登记失业人员参加劳动预备制培训，按规定给予培训补贴。

五是做实就业创业服务。健全就业信息监测系统，开放线上失业登记入口，实现失业人员基本信息、求职意愿和就业服务跨地区共享。加强重大项目、重大工程、专项治理对就业影响跟踪应对。市级以上公共就业人才服务机构要实现岗位信息在线发布，并向上归集。实施基层公共就业服务经办能力提升计划，建立登记失业人员定期联系和分级分类

①　政策全文详见 https：//www. gov. cn/zhengce/zhengceku/2019-12-24/content_ 5463595. htm.

服务制度。

六是做好基本生活保障。及时兑现失业保险待遇，对领取失业保险金期满仍未就业且距离法定退休年龄不足 1 年的人员，可继续发放失业保险金直至法定退休年龄。对生活困难的失业人员，按规定及时纳入临时生活补助、最低生活保障和临时救助等范围。加强稳就业工作组织保障，完善工作组织协调、资金投入保障、就业形势监测、突发事件处置、舆论宣传引导等五项机制，推动各地切实履行稳就业主体责任，汇聚稳就业强大合力。

2023 年 4 月，《国务院办公厅关于优化调整稳就业政策措施全力促发展惠民生的通知》发布。该政策提出了如下五方面主要举措：一是更加突出市场吸纳就业的能力，提振市场信心，培育就业新增长点。二是更加突出对经营主体的融资支持，双引擎激发市场活力。三是更加突出高校毕业生等青年就业创业，全力稳住毕业生就业形势。四是更加突出困难帮扶和民生兜牢，扎紧扎牢民生安全网。五是更加注重服务的优化提升，为实现高质量就业提供强力保障。①

为激励各地区各部门主动作为、狠抓落实，推动形成开拓创新、比学赶超的生动局面，国务院办公厅对国务院督查发现的"稳就业、保民生"典型经验做法给予表扬。其中，湖南省湘潭市典型经验做法获国务院通报表扬。②

湘潭市坚持把稳就业作为守牢民生底线的关键抓手，在持续 5 年开展送政策、送岗位、送服务"三送"活动的基础上，创新实施稳企业、稳行业、稳重点人群"三稳"行动，采取沉下去、送上门、点对点、

---

① 政策全文详见 https://www.gov.cn/zhengce/zhengceku/2023-04/26/content_ 5753299. htm.
② 报道全文详见《湘潭"三送三稳"保就业》，载《湖南日报》2021 年 1 月 27 日。

实打实的方式，推动就业帮扶及时直达、精准滴灌到田间地头、企业车间、民生百业，以千方百计稳住千家万户"饭碗"，全市城镇新增就业4.7万人，城镇登记失业率控制在3.2%以内，实现了以就业底线之稳确保发展大局之稳。为各类企业减负降费15亿余元，如为湘电集团一次性送去稳岗返还资金6494万元，帮助2000多名员工顺利实现内部分流安置；各类创业园为中小微企业减免支出1600多万元。突出服务"快、准、实"，人社系统全员参战，深入一线开展"百千企业帮扶"，派出31支驻企"三送"帮扶小分队，为125家重点用工企业做好人岗匹配，稳岗率达99.77%。

同时，湘潭市打好关键行业"组合拳"，千方百计纾难解困。稳住了行业，就保住了就业预期。帮扶困难行业解困。为旅游、餐饮、外贸等受疫情影响较大、吸纳就业人数较多的行业发放补贴660余万元。支持特色行业稳产。大力扶持湘莲等特色产业，组织以工代训5000余人，力保劳动密集型特色行业就业稳定。激活新兴行业潜力。扎实做好快递外卖、微商电商、网约车司机等新业态从业人员参保工作，创新推行订单式、定制式、学徒式相结合的职业培训模式，组织技能培训5.2万人，新增就地就近就业4万余人。

此外，湘潭市找准重点人群"着力点"，精准施策夯基固本。稳住了重点人群，就保住了就业底线。突出抓实高校毕业生就业。举办专场招聘会9场，留潭回潭就业创业大学生超1万人；面向武汉高校毕业生提供优质岗位近2000个，达成意向726人。真情帮扶农民工就业。开展农民工就业援助"三送"活动，发动1200余名党员走村入户。组织专场招聘会64场，开辟农民工返岗复工专车、专列"绿色通道"，实行"点对点"服务，"一站式"送达，2020年4月实现38万返乡农民工全部复工。全面兜底贫困劳动力就业，通过专场招聘、扶贫基地吸纳、公益性岗位安置等方式，提供岗位 11000 余个，全市贫困人员应保尽保、应补尽补，可就业贫困劳动力 100% 就业。基于上述措施，湘潭市就业工作连续 3 年获省政府真抓实干表彰激励。

五、教学方法与手段

基于就业与失业这一宏观经济学中重要知识点的具体教学目的与教学任务，本课程拟综合采用课堂教学、案例讲授、分组讨论、心得撰写等教学方法与手段，使学生在充分掌握基本经济学知识点与基本经济学分析框架的基础上深刻领会案例所传递的思政信息。

六、教学实施过程

综合采用案例讲授、分组讨论、心得撰写等教学方法与手段。第一，使学生充分理解案例的背景与内容，并产生充分认同与共鸣。第二，鼓励学生进行发散性思维，进行开放性研讨，研究案例但不局限于案例，在把握核心思政点的基础上广泛搜集相关资料，并可展开实地调研，充分发散与拓展。第三，学以致用，突出经济学科"经世济民"的特征，鼓励学生在就业与失业问题上端正态度认知，树立理想信念，以正能量积极影响他人，在当下的学习生活中与未来的工作岗位上踔厉奋发，不断开拓。

七、考核与评价方式

本知识点的主要考核方式为：通过分组讨论西方失业问题中的制度性缺陷和中国解决失业问题中的制度性优势，形成具备明确思政元素的心得体会并撰写相应报告。也可通过期末考试中的名词解释、简答及论述等题型对本知识点进行考核。

八、实施成效

深入挖掘本案例相关材料中的思政元素，全方位体现和展示中国在解决失业问题中的大国担当和善举良策，依托全领域、体系化教学路径，充分实现本知识点的思政育人效果。

推荐文献

［1］王阳，杨宜勇. 大国就业：结构性失衡与应对之道［M］. 北京：中国工人出版社，2022.

［2］罗斯巴德. 美国大萧条［M］. 谢华育，译. 上海：上海人民出版社，2009.

［3］特克. 艰难时代：亲历美国大萧条［M］. 王小娥，译. 北京：中信出版社，2017.

市场垄断与失灵

主讲教师

　　曲　丹，经济学博士，湖南大学经济与贸易学院副教授，主要研究方向为应用经济学、劳动经济学、健康经济学。

一、课程信息

1.课程名称

西方经济学（微观）。

2.课程类型

基础型课程。

3.授课对象

财经类专业学生。

4.知识点

市场垄断与失灵。

5.教学课时

1学时。

二、教学目标

1.知识目标

帮助学生正确理解市场机制的作用条件，理解垄断如何导致市场失灵，以及政府在反垄断中发挥的作用，从而能自觉运用经济规律分析实际问题。

2.技能目标

培养学生的学习能力、独立思考能力、创新能力、掌握信息的能力、科学分析问题的能力。学生能够将在课堂所学的理论知识应用于现实问题的分析中，而且能够通过不同渠道掌握信息，学会从不同的角度去认识问题，采用辩证的方法去分析问题。

3. 思政目标

通过引入案例引导学生运用马克思主义基本观点、立场与方法学习并分析市场垄断与政府治理的关系，深刻理解与践行社会主义核心价值观，增强学生的责任感、使命感，增强对社会主义制度和国家经济政策实施的认同感，引导学生加强对我国国情的了解，从而激发其爱国主义热情和民族自豪感。

三、教学重点与难点

1. 教学重点

（1）垄断市场的特点及市场效率分析。

（2）垄断与市场失灵。

（3）如何应用《中华人民共和国反垄断法》纠正垄断引起的市场失灵。

2. 教学难点

（1）如何理解企业利润与市场效率之间的关系。

（2）如何看待社会资源配置问题。

（3）案例为企业的市场竞争带来哪些方面的启示。

四、案例介绍

1. 案例发生背景介绍

我国政府对于社会主义市场经济运行秩序一直进行监督和管理，2021 年 8 月 31 日，习近平总书记主持召开中央全面深化改革委员会第二十一次会议，审议通过了《关于强化反垄断深入推进公平竞争政策实施的意见》。习近平总书记在主持会议时强调："强化反垄断、深入推进公平竞争政策实施，是完善社会主义市场经济体制的内在要求。要从构建新发展格局、推动高质量发展、促进共同富裕的战略高度出发，促进形成公平竞争的市场环境，为各类市场主体特别是中小企业创造广阔的发展空间，更好保护消费者权益。"

2022 年《政府工作报告》中提道："深化改革扩大开放，持续改善营商环境。加强市场体系基础制度建设，推进要素市场化配置等改革如何看待社会资源配置问题……加强和创新监管，反垄断和防止资本无序扩张，维护公平竞争。"

1994 年，中国正式接入互联网。从 1997 年的网易，到 1998 年的搜狐、腾讯及新浪，中国的互联网行业进入了爆发式发展时期。互联网行业成为我国改革开放以后发展最快的行业之一。互联网行业跨越式发展不仅影响到资本市场的运作效率，同时也促进了自身的快速发展。随之而来的是对互联网行业的市场管理问题。反垄断一直是市场经济国家经济立法的核心，更是保证公平竞争、推动技术进步与创新的必要前提。《中华人民共和国反不正当竞争法》和《中华人民共和国反垄断法》分别于 1993 年和 2007 年颁布，以帮助市场有效有序运行，市场资源有效配置。

　　腾讯科技与奇虎 360 的纷争被形象地称为"3Q 大战"。"3Q 大战"是迄今为止互联网行业诉讼标的额最大、在全国有重大影响的不正当竞争纠纷案件。它同时也被业界称为"互联网反不正当竞争第一案"，或者"互联网反垄断第一案"。其原因主要在于，在此次纷争中，既涉及企业不正当竞争问题，也涉及企业市场垄断问题。如何界定企业是否具有市场支配地位，如何约束垄断，如何进行正当竞争等都成为被广泛热议的问题，也为我国后续互联网行业反垄断监管提供了参考。

　　全国人大常委会分别于 2017 年、2019 年对《中华人民共和国反不正当竞争法》进行了修订。2019 年，国家市场监管总局发布了《禁止垄断协议暂行规定》《禁止滥用市场支配地位行为暂行规定》和《制止滥用行政权力排除、限制竞争行为暂行规定》三部反垄断法配套规章，在多方面细化，提高反垄断法的可操作性。2019 年 3 月，依据《国务院机构改革方案》，组建国家市场监督管理总局，整合原先分散于国家发改委、国家工商总局和商务部的反垄断执法机构职责，形成统一执法模式。执法主体的融合有利于执行行为的统一和协调，对规范市场运行发挥了重要作用，也表明了我国政策、法律以及规章制度方面更为完善。

2. 腾讯与奇虎 360 纷争前因

　　腾讯科技创建于 1998 年，其创始人是马化腾。它是目前为止是中国最大的互联网综合服务提供商之一，是中国市值最高的互联网公司。2010 年前后，其主要产品包括 QQ、QQ 影音、QQ 邮箱、QQ 工具栏、QQ 音乐、QQ 输入法、腾讯微博、超级旋风、腾讯游戏等。根据记载，2009 年第二季度，腾讯游戏的营收首次超过盛大，成为新晋的"游戏之王"。当年腾讯游戏营收为 53.9 亿元，市场份额由 2007 年的 6% 猛增到 20.9%。在业绩增长的刺激下，腾讯的股价在 2010 年 1 月突破 176.5 港元（拆股前的价格），市值达到 2500 亿港元，一举超越雅虎，成为继谷歌、亚马逊之后的全球第三大互联网公司。[①]

奇虎 360 是 2005 年由周鸿祎创建，目前是中国领先的互联网安全软件及服务供应商。2010 年前后，其在互联网行业中与腾讯齐名。其代表性产品包括 360 安全中心、360 杀毒软件、360 安全浏览器、360 极速浏览器、360 保护箱、360 系统急救箱、360 手机卫士、360 网络防火墙等。奇虎 360 于 2011 年 3 月 30 日在美国纽约交易所正式挂牌。根据奇虎 360 纽约交易所上市招股说明书显示[②]：2011 年 1 月，互联网安全产品的每月活跃用户达 3.28 亿，占中国互联网用户总数的 83.9%，每月互联网用户从 2008 年 12 月的 1.22 亿增加到 2009 年 12 月的 2.31 亿，2011 年 1 月增加到 3.39 亿。

在二者发展之初，腾讯是客户端市场排名第一的公司，主打娱乐产品，而奇虎 360 在客户端市场排名第二，主打网络安全产品。随着互联网行业的发展，二者在产品方面出现了竞争，腾讯 QQ 电脑管家的问世与奇虎 360 安全卫士在产品的性质上展现了高度的同质性，从而形成显著的竞争关系。"3Q 大战"的起因就是这两款产品在市场上出现的激烈竞争。

3. "3Q 大战"的过程及结果

（1）"3Q 大战"起因事件发展脉络。

"3Q 大战"集中爆发是 2010 年 9 月 27 日，以奇虎 360 称 QQ 偷窥

---

① 吴晓波：《腾讯传 1998-2016：中国互联网公司进化论》，浙江大学出版社 2017 年版。
② 《奇虎 360 招股说明书》，https://max.book118.com/html/2015/1018/27494422.shtm。

用户隐私为导火索。但双方竞争由来已久，从"QQ 医生"的诞生，腾讯科技与奇虎 360 的正面竞争就已经开始。表 1 列出了"3Q 大战"的发展时间脉络。

表 1   "3Q 大战"起因及发展时间脉络

2010 年 9 月 27 日	奇虎 360 推出新产品"隐私保护器"，称 QQ 偷窥用户隐私
2010 年 9 月 28 日	腾讯称 360 浏览器涉嫌广告色情网站推广，遭到公安调查
2010 年 9 月 28 日	奇虎 360 称腾讯造谣，已向公安局报案
2010 年 10 月 14 日	腾讯起诉奇虎 360
2010 年 10 月 27 日	腾讯联合百度、金山、傲游和可牛共同发表《反对 360 不正当竞争联合声明》
2010 年 10 月 27 日	腾讯与奇虎 360 掀起弹窗大战
2010 年 10 月 29 日	奇虎 360 推出"扣扣保镖"，称是用来全面保护 QQ 用户
2010 年 10 月 29 日	腾讯称奇虎 360 的"扣扣保镖"是"打着保护用户利益的旗号，污蔑、破坏和篡改腾讯 QQ 软件的功能，并通过虚假宣传，鼓励和诱导用户删除 QQ 软件中的增值业务插件、屏蔽腾讯的客户广告，而将其产品和服务嵌入 QQ 软件界面，借机宣传和推广自己的产品"
2010 年 11 月 3 日	腾讯宣布在装有 360 软件的电脑上停止运行 QQ 软件，用户必须卸载 360 软件才能登录 QQ，用户需要"二选一"①

注：以上信息均由网络相关报道整理。

---

① 腾讯公司 2010 年 11 月 3 日晚 6 点发布的《致广大 QQ 用户的一封信》。

（2）腾讯与奇虎 360 之间的诉讼。

两家的纠纷起始于 2010 年的奇虎 360 "隐私保护器"产品的出现，在 2010 年到 2014 年，二者进行了一系列的诉讼。表 2 中列出从 2010 年开始的腾讯与奇虎 360 纠纷的诉讼过程。在三次起诉中，涉及我国经济市场运行两方面，其一是反不正当竞争，其二是反垄断。

根据《中华人民共和国反不正当竞争法》第 14 条，经营者不得捏造、散布虚伪事实，损害竞争对手的商业信誉、商品声誉。腾讯在 2010 年及 2011 年分别向北京市朝阳区中级人民法院及广东省高级人民法院先后两次起诉奇虎 360，正是以不正当竞争行为为起诉理由。第一次是针对 360 隐私保护器在网络上曝光 QQ 偷窥用户隐私，第二次是关于奇虎 360 "扣扣保镖"产品的问题。

《中华人民共和国反垄断法》第 17 条规定："本法所称市场支配地位，是指经营者在相关市场内具有能够控制商品价格、数量或者其他交易条件，或者能够阻碍、影响其他经营者进入相关市场能力的市场地位。"该法第 18 条给出了认定企业市场支配地位的依据。奇虎 360 在 2012 年起诉腾讯在即时通信软件及服务相关市场滥用市场支配地位的行为。从奇虎 360 流出的起诉书中了解到，奇虎认为腾讯的"二选一"行为是在滥用市场支配地位，应该被认定为垄断行为。这里就需要首先根据法律来确认腾讯是否具有市场支配地位。

表 2　腾讯科技与奇虎 360 之间的诉讼

	2010 年 10 月 14 日	2011 年 8 月	2012 年 11 月
起诉理由	腾讯诉奇虎 360 不正当竞争	腾讯诉奇虎 360 不正当竞争	奇虎 360 起诉腾讯滥用市场支配地位

续表

	2010 年 10 月 14 日	2011 年 8 月	2012 年 11 月
起诉理由	针对 360 隐私保护器曝光 QQ 偷窥用户隐私事件	腾讯称奇虎 360 的"扣扣保镖"是打着保护用户利益的旗号，污蔑、破坏和篡改腾讯 QQ 软件的功能，并通过虚假宣传，鼓励和诱导用户删除 QQ 软件中的增值业务插件、屏蔽原告的客户广告，而将其产品和服务嵌入 QQ 软件界面，借机宣传和推广自己的产品①	腾讯滥用其在即时通信软件及服务相关市场的市场支配地位
一审	北京市朝阳区法院判决奇虎 360 捏造事实的行为损害了腾讯的竞争优势，判奇虎 360 赔偿 40 万元	广东省高级人民法院判决奇虎 360 构成不正当竞争行为，赔偿 500 万元	广东省高级人民法院判决腾讯不构成垄断
二审	北京市第二中级人民法院判奇虎 360 构成不正当竞争	最高人民法院维持原判	最高法认定腾讯旗下 QQ 不具备市场支配地位

注：以上信息由网络相关报道整理所得。

4."3Q 大战"案例总结

本案例分析适用于微观经济学中关于市场竞争、市场垄断以及政府政策与市场失灵等知识点的教学。案例主要分析了我国互联网行业发展期间两家最大的企业之间关于不正当竞争及垄断的诉讼纠纷。它具有重要的代表性，被称为互联网行业反不正当竞争和反垄断的第一案。本案例着重从经济学角度解读纠纷产生的背景、过程及结果，从国家政策出发，分析了政府管制对社会主义市场经济健康运行的重要作用。

---

① 腾讯公司 2010 年 11 月 3 日晚 6 点发布的《致广大 QQ 用户的一封信》。

5. 课程思政要素分析

本案例的学习旨在培养学生使用马克思历史唯物主义、辩证唯物主义科学地、发展地分析和解决问题；引导学生增强对社会主义制度和国家经济政策实施的认同感，加强对我国国情的理解，从而增强学生的责任感、使命感，民族自信心和自豪感。

首先，通过介绍案例背景，帮助学生了解我国互联网行业发展早期市场发展的现状。而互联网行业的发展只是我国在 21 世纪初市场经济快速发展的冰山一角，从而激发学生的民族自豪感和使命感，引导学生主动在课下关注我国市场经济发展的历程。

其次，结合经济学的基本原理引领学生探讨"3Q 大战"出现的历史原因，用发展的眼光来分析市场纠纷产生的可能性，同时启发学生从消费者、企业以及政府三方不同角度分析市场纠纷的影响。

再次，通过介绍使学生了解我国反垄断以及反不正当竞争的相关法律规章，让学生更好地了解我国的市场政策，并对政府的市场干预政策有更深刻的认识，从而了解社会主义市场经济体制的优越性，并使学生产生强烈的认同感。

最后，通过设置问题，不断的启发学生从市场供需及政府的角度分析解决办法，培养学生的责任心，激发爱国主义情怀。

五、教学方法与手段

本课程在教学过程中穿插使用多种教学方法与手段，积极调动学生的学习积极性。主要包括以下方法，如表 3 所示。

表 3　课程主要教学方法

案例教学法	通过具体案例和国家相关经济政策的引入帮助学生更好的理解知识点
启发式教学	教师在课前通过制定课前学习任务，给出问题，引导学生提前进行思考；在课中通过设置问题引导学生由浅入深，集思广益，开拓思维；课后仍然通过问题设置引导学生深化对知识点的学习和理解，如通过本案例学习引导学生探讨应该如何确定企业市场垄断地位，企业如何避免不正当竞争，无论是市场领导者还是市场追随者应该采取何种竞争手段
任务驱动法	教师课前给学生布置探究性的学习任务，要求学生通过自主阅读教师提供的辅助资料任务，可以独立完成或者以小组研讨、合作分工的方式完成
研讨式教学法	通过对案例的分析，引导学生将现实问题上升为科学研究问题；通过引导学生查阅资料，将经济学原理的理论分析与实际问题结合起来；通过研究探讨的方式，培养学生的科学研究态度以及开放式的思维方式
课堂演示法	学生完成教师布置的任务后，部分任务可以当堂进行演示，或者在课程结束时要求学生采用课堂所学的问题分析方法对某一问题进行分析，并在课堂上进行展示
第二课堂教学	充分利用第二课堂小班授课的优势，组织学生展开讨论，增加师生互动

　　教学在实施过程中有效利用多媒体资源，通过将传统线下教室与现代化智慧教学平台（如雨课堂等）相结合的方式增强师生互动。

六、教学实施过程

　　本知识点教学采用混合式教学的实施过程，将传统教学与网络化教学、线上资源与线下学习的优势有机结合起来。在实施过程中按照课前、课中和课后三个环节展开，如表 4 所示。

表 4　教学实施过程

课前	提前布置学习任务，提出问题，引导学生思考 教师可提供一些线上慕课以及相关辅助资源
课中	教师课上教学包括以下几个方面：强调本章内容的知识重点和要点；围绕案例组织课堂讨论；也可以形成小组，组织材料，进行课堂展示；将课程思政融入知识点讲解中，引导学生关注国家经济政策，理解其对社会主义市场经济的重要意义
课后	基于课前与课中的学习，整理总结课上学习内容，并在课堂上展示（如在第二课堂） 对相关内容进行课后延伸：了解"3Q 大战"之后，我国互联网市场是否还有相似的案例，这些案例的共同性有哪些，有哪些启示

七、考核与评价方式

本节知识点及案例学习的考核评价方式与课程考核评价的方式相统一，即从依靠专业学习成绩的单一考核评价标准，转向包括学生团队协作能力、知识探索能力、社会责任感以及综合能力（如书写、表达）等在内的多维度考核评价方式。

案例学习的考核包括以下几个部分。表 5 列出了考核内容、成绩分配及各部分内容所对应的对学生各项能力的考核。

表5 案例学习考核方式及成绩分配

考核内容	能力考核	成绩考核
课上对相关问题的回答	自我学习能力	10%
书面考试（如选择题、问答题）	对知识点及案例的掌握和运用能力	70%
小组讨论	口头表达能力	5%
在案例基础上形成的课堂报告	独立探索能力，分工协作能力，组织材料及写作能力	15%

八、实施成效

围绕本案例进行学习，同时借助各种教学方法和手段的综合运用，从短期来看，提高了学生的课堂参与度、课堂讨论热度、学生的学习热情以及学习效果。从长期来看，提高了学生搜集整理资料的学习能力，客观辩证地分析问题的能力，独立思考的能力。

从思政方面来看，短期内学生更好地了解了关于市场竞争与垄断的市场规制，更好地了解了社会主义市场经济如何有效健康的运行。长期来看，引导学生关注我国经济的发展，关心国家大事，用科学的眼光分析经济市场的运行，提高自身的责任感和使命感，成为社会主义建设合格的建设者和接班人。

推荐文献

［1］杜创，王佰川. 中国式反垄断的逻辑：比较制度分析视角［J］. 社会科学战线，2023（4）：70-81.

［2］奇虎360诉腾讯反垄断案二审22个问题成争议焦点［EB/OL］.（2013-11-26）［2014-01-05］. http//www. Legald aily. com. cn/index_ article/content/2013-11/26/content_ 50 59923. htm.

经济人假设与服务人民、奉献社会的人生观选择

主讲教师

李　淑，经济学博士，湖南大学经济与贸易学院副教授，主要研究方向为技术创新与制度经济学、知识转移与区域创新、经济制度研究。

一、课程信息

1. 课程名称

西方经济学（微观）。

2. 课程类型

基础型课程。

3. 授课对象

经管类专业本科一年级学生。

4. 知识点

微观经济学基本假定——经济人假设。

5. 教学课时

2学时。

二、教学目标

培育学生的理论思维和创新意识，增强学生分析和解决实际经济问题的能力，引导学生提升个人的价值追求和思想道德修养。

1. 知识目标

微观经济学的主要内容包括产品定价和要素定价以及微观经济学的进一步发展三大部分。其中，产品定价理论包括市场供求基本原理、消费者行为理论和生产者行为理论以及不同市场类型下单个厂商的决策；要素定价理论解释了微观经济学中的收入分配问题；微观经济学的进一步发展则主要介绍了市场失灵与微观经济政策。通过教学，使学生掌握微观经济学的基本概念、基础原理，了解经济学的主要分析技术和研究方法，正确理解西方经济学的科学成分和阶级属性，自觉运用经济规律分析现实经济问题，培养学生辩证、系统的经济分析思维。

2. 技能目标

知识传授的同时，注重理论知识与中国经济发展现实的结合，让学生学会关注中国问题与实际。培养学生的专业素养、创新思维和社会责任感，使学生养成用经济学思想理解和分析问题的视角、观点和方法，[①] 尤其以马克思列宁主义、毛泽东思想、邓小平理论、"三个代表"重要思想、科学发展观、习近平新时代中国特色社会主义思想为指导，提升分析和解决问题的能力；培养学生逻辑分析判断能力、解释经济现象的能力和预测经济政策与经济发展趋势的能力，以适应新时代对专业人才的要求。

3. 思政目标

结合思政理论和教育方法，通过深入发掘课程思政德育元素，引导学生在获得基本专业知识的同时，提升个人的价值追求和思想道德品质修养；树立学生爱国、爱党情怀，引导学生理解中国、认同中国，加强其建设中国特色社会主义的信心；培养学生勇于担当和付出、勇于将个人的力量拓展成集体的力量的精神，实现个人的社会价值，为大学生确立科学的世界观、人生观价值观打下必需的思想和理论基础。

---

① 李淑：《思政元素融入西方经济学教学探索》，载《高教论坛》2021 年第 3 期。

三、教学重点与难点

  微观经济学主要研究在市场机制的调节下，单个家庭、单个企业等个体经济单位如何进行谋求自身效用最大化或利润最大化的理性行为选择。这些阐述是西方国家发展市场经济的经验总结和理论概括，包括价格、市场、竞争、企业、管理、分配等方面的知识，反映了社会化大生产和市场经济的一般规律，对于我们推进社会主义现代化建设、不断丰富和完善中国特色社会主义市场经济理论具有一定的参考借鉴意义。在教学过程中，教师可以将中国经济发展面临的新情况、新问题与西方经济学的教学内容有效结合起来，使学生在学习西方经济学传统理论的基础上，注重经济理论与中国国情相结合，在实践应用中实现知识的综合、重构与更新，培养学生的创新思维和社会责任感。

  西方经济学具有明确的资产阶级意识形态属性，在本质上是为西方国家资产阶级利益辩护和服务的经济学。在哲学基础、研究目的和研究方法上，西方经济学与科学的马克思主义政治经济学存在着很大差异。它的许多范畴、原理、假设等受价值取向的局限，存在着难以克服的内在缺陷，容易使学生产生理解上的混乱，看不到资本主义社会的基本矛盾，这也是微观经济学的教学难点。因此，在教学过程中必须用马克思主义立场、观点和方法来辩证地分析问题，将思政德育元素融入教学中，让学生对西方经济学理论有着更加科学和全面的认识，在批判的基础上进行学习和借鉴，科学辩证地分析社会经济现象，做新时代中国特色社会主义事业的坚定支持者。

四、案例介绍

1. 案例一：经济人假设是什么

经济人首先是由英国著名的经济学家亚当·斯密提出来的。1776年，亚当·斯密出版了《国民财富的性质和原因的研究》。他在这本经济学巨著中提到"我们每天所需要的食物和饮料，不是出自屠户、酿酒师或烙面师的恩惠，而是出自他们自利的打算"，"在这场合，像在其他许多场合一样，他受着一只看不见的手的指导，去尽力达到一个并非他本意想要达到的目的。也并不因为事非出于本意，就对社会有害。他追求自己的利益，往往使他能比在真正出于本意的情况下更有效地促进社会的利益"。[①] 由此可见，斯密对"经济人假设"提出了三个要求：个人理性、自利心和市场自由。其中，市场自由是理性经济人实现自利目标的必要条件，看不见的手（市场）使得整个经济在人们追求私人利益最大化的同时达到了最优。这些论断同时也代表着古典经济理论对人的看法，即把人看作以追求物质利益为目的而进行经济活动的主体，利己是目的，利他是手段，而在"看不见的手"的指引下，其追求私利的活动与增进全社会利益的社会目标相一致。值得一提的是，斯密所提出的"经济人"并没有完全自利，并非只是自私自利的人，有利他的一面，可能会做出非个人最大化的选择。

依据亚当·斯密对"经济人"的描述，庸俗经济学派的代表人物西尼尔提出的个人经济利益最大化公理，指出每个人都希望以尽可能少

---

① ［英］亚当·斯密：《国民财富的性质和原因的研究》，郭大力、王亚南译，商务印书馆1972 年版。

的牺牲去获得更多的财富。约翰·穆勒在此基础上进一步明确地提炼出了经济人假设。之后，经济人假设便成了整个西方主流经济学研究的一个重要的逻辑起点。

在西方经济学中，经济人假设是对经济生活中的一般人的抽象，包含了理性假设和自利假设。理性假设指个体在决策时会收集和利用各种有用的信息，对各种备选方案进行权衡比较，从中选择一个最有利的方案；自利假设是指个体在决策时会追求实现自身利益最大化。西方经济学假设经济决策主体（消费者、生产者等）的经济行为都是理性的，他们在经济活动中不会感情用事，而是精于判断和计算，以利己为动机，力图以最小的经济代价去实现自身的最大经济利益。基于该假设，经济学家引入边际的概念，经济人的理性性质就有了量的表示，即个体追求财富最大化可以直观地表示为对经济变量求极值。[①] 因此，经济人假设的内容被转化为"理性人的最优化"：消费者追求效用最大化；生产者追求产出最大化、成本最小化以及利润最大化；要素所有者追求自身报酬收入最大化。可见，经济人假设的实质就是对"人"进行了抽象，即为了经济学分析、解释、推导的需要，对微观的人的特点进行抽象，并根据这种抽象分析其最优的决策和行为。[②]

2. 案例二：我的生命属于人民[③]

"步履蹒跚与时间赛跑，只想为患者多赢一秒；身患绝症与新冠周旋，顾不上亲人已经沦陷。这一战，你矗立在死神和患者之间；那一

---

① 李炳炎：《从传统"经济人"到"科学经济人"的术语革命》，载《南京财经大学学报》2006 第 4 期。

② 王延川：《抽象人格演进的文化解释与民法典的整合和分解》，载《河北法学》2009 年第 4 期。

③ 夏静等：《以"渐冻之躯"铸起战疫铜墙铁壁》，载《光明日报》2021 年 9 月 8 日。

晚，歌声飘荡在城市上空，我们用血肉筑成新的长城。"——这是在"感动中国 2020 年度人物"颁奖会上给人民英雄张定宇的颁奖词。

时间回到 2019 年年底，一场突如其来的不明原因肺炎疫情在湖北武汉肆虐开来。12 月 29 日，首批患者转入武汉市金银潭医院，这家传染病专科医院一时间成为"离炮火最近的战场"。

面对人类未知病毒，时任金银潭医院院长的张定宇感到了前所未有的挑战。医院门口排着渴望生命的长队，医院内医疗物资告急，连轴转的医护人员也都累得精疲力竭。"还要继续收病人吗？"张定宇的心里做着激烈的斗争。

"多收治一个病人，就是多帮助一个家庭。"他下定决心，"作为一名共产党员、医院院长、一名医生，无论哪个身份，在这危急时刻，都没理由后退半步，必须坚决冲上去！"这一冲便很难停下来。迅速隔离病患、开辟专门病区、完成清洁消毒、紧急调配设备物资人员……那段时间，张定宇每天都要忙到凌晨，好几个夜晚，凌晨两点刚躺下，四五点又起来继续工作。

就在他日夜忙碌在抗疫一线时，同为医务人员的妻子程琳确诊，在另一家医院的重症监护病房治疗。铮铮铁汉因没顾得上妻子的安危，眼泪忍不住往下淌："很内疚，我也许是好医生，但不是好丈夫。"

在与病毒较量的同时，张定宇还要与自己身体的病痛斗争。早在 2018 年，他确诊患上渐冻症，双腿萎缩。高强度的工作让他的身体亮起了红灯，他踩着高低不平的脚步、拖着"渐冻"之躯在医院来回穿梭，有几次差一点摔倒。

"搞快点，搞快点，这个事情一哈（一下）都等不得，马上就搞！"即便腿脚不利索，张定宇还是忍着疼痛靠前指挥。在这场抗疫之中，他率领金银潭医院 600 多名医护人员，在援鄂医疗队的帮助下，救治了 2800 余名患者，其中不少为重症、危重症患者。

"身体状况都这样了，为何还这么拼？"面对别人的不解，张定宇回应："我必须跑得更快，才能跑赢时间，把重要的事情做完。"

因为在疫情防控中的突出贡献，2020 年 9 月，在全国抗击新冠肺炎疫情表彰大会上，张定宇被授予"人民英雄"勋章；2021 年 2 月，身患绝症坚守抗疫一线的他入选"感动中国 2020 年度人物"。

胸前的"人民英雄"勋章，金灿灿，沉甸甸。张定宇说，我们这代人，都是读《雷锋日记》长大的，生在新社会，长在红旗下。雷锋有句话影响了我一辈子："人的生命是有限的，可是，为人民服务是无限的，我要把有限的生命投入到无限的为人民服务之中去。"① 我的生命已不仅仅属于我自己，更是属于人民！

渐冻的生命，一次次拯救别人，托起信心与希望。他的双腿已经开始萎缩，但他站立的地方，是最坚实的阵地。他是人民的儿子，胸前的勋章，金闪闪热烫烫，永不冻结！

3. 案例三：为人民谋幸福是中国共产党矢志不渝的追求②

"江山就是人民，人民就是江山。""必须坚持在发展中保障和改善民生，鼓励共同奋斗创造美好生活，不断实现人民对美好生活的向往。"2022 年 10 月 16 日，中国共产党第二十次全国代表大会在北京开幕，中共中央总书记习近平代表第十九届中央委员会向大会作报告。其中，"人民"是贯穿始终的高频词。

---

① 蔡朝阳、李墨：《我的生命属于人民》，载《湖北日报》2020 年 9 月 9 日。
② 《为人民谋幸福是中国共产党矢志不渝的追求》，中央广电总台国际在线，2022－10－17. https：// politics. gmw. cn/2022－10/17/content_36092628. htm。

无论是细数过去十年民生改善的成果，还是描绘未来人民生活更加美好的蓝图，都彰显了中国执政党为中国人民谋幸福，为中华民族谋复兴的初心使命。这再次为世界了解"中国共产党为什么能"打开了一扇重要窗口。

当今世界，很少有政党像中国共产党这样，把维护人民的根本利益作为最高追求，并持之以恒地为之奋斗。回顾这个百年大党的发展历程，不难发现：她从来没有自己特殊的利益，任何时候都把人民利益放在第一位，这是中国共产党作为马克思主义政党区别于其他政党的显著标志。

特别是中共十八大以来，中国共产党带领中国人民经历了三件大事：迎来中国共产党成立一百周年；中国特色社会主义进入新时代；完成脱贫攻坚、全面建成小康社会的历史任务，实现第一个百年奋斗目标。这是中国共产党和中国人民团结奋斗赢得的历史性胜利，是彪炳中华民族发展史册的历史性胜利，也是对世界具有深远影响的历史性胜利。[①] 这给 14 亿多中国人民带来了前所未有的获得感、幸福感、安全感。

从人均 GDP 达到 1.25 万美元，到中等收入群体超过 4 亿人；从坚持人民至上、生命至上，统筹疫情防控和经济社会发展取得重大积极成果，到建成世界规模最大的教育体系、社会保障体系、医疗卫生体系……中国共产党坚持以人民为中心的发展思想，不断兑现"让人民过上好日子"的郑重承诺。

回顾历史，是为了增强开拓前进的勇气和力量。习近平总书记在二

[①] 《中共中央关于认真学习宣传贯彻党的二十大精神的决定》，载《支部建设》2022 年第 33 期。

十大报告中明确指出，从现在起，中国共产党的中心任务就是团结带领全国各族人民全面建成社会主义现代化强国、实现第二个百年奋斗目标，以中国式现代化全面推进中华民族伟大复兴。

为了让中国老百姓生活得更幸福，一张宏伟蓝图正在铺展开。比如，报告指出，要健全人民当家作主制度体系；健全基本公共服务体系，提高公共服务水平，扎实推进共同富裕；促进机会公平，增加低收入者收入，扩大中等收入群体；把保障人民健康放在优先发展的战略位置；要办好人民满意的教育；满足人民日益增长的精神文化需求……

根据规划，全面建成社会主义现代化强国，总的战略安排分两步走：从 2020 年到 2035 年中国基本实现社会主义现代化；从 2035 年到 21 世纪中叶把我国建成富强民主文明和谐美丽的社会主义现代化强国。可以预见，届时中国民众将过上更加殷实美好的生活，以人民为中心的发展思想将展现出更大的实践力量。

"中国共产党领导人民打江山，守江山，守的是人民的心。"一个始终把人民放在心上的政党，必然得到人民的忠心拥护。哈佛大学连续 13 年的追踪民调显示，中国民众对中国共产党和中国政府的支持率长期保持在 90% 以上，稳居全球排名第一。美国知名公关公司爱德曼 2021 年发布报告称，过去一年，中国民众对本国政府的信任度高达 91%，在所有受访国家中排名第一。

与此同时，中国共产党和中国领导人的民生情怀，也赢得了国际社会的赞赏。马来西亚驻华大使努西尔万指出，中国共产党始终和人民群众保持血肉联系，非常了解人民的需求，并且能够提出具体政策来满足这些需求。比利时前首相伊夫·莱特姆认为，中国领导人采取了一切必要措施促进社会发展，并且让发展成果惠及人民。正因为如此，中国人民支持和拥护领导人。肯尼亚国际关系问题专家卡文斯·阿德希尔表示，中国共产党践行人民至上的执政理念，为其他国家提供了很好的借鉴。

"发展为了人民，发展依靠人民，发展成果由人民共享。"怀着这样的价值追求，中国共产党与中国人民一道拼、一起干、共同奋斗，取得了举世瞩目的重大成就。在全面建设社会主义现代化国家的新征程上，中国共产党将继续团结带领人民撸起袖子加油干、风雨无阻向前行，创造更大的发展奇迹、更加美好的未来，为促进世界和平与发展注入更多正能量。

4. 案例分析

案例一阐述了经济人假设是现代西方经济学具有分析力的重要标志。在经济分析中，通常假设经济决策主体（消费者、生产者等）的经济行为都是合乎理性的，他们在经济活动中不会感情用事，而是精于判断和计算，以利己为动机，力图以最小的经济代价去获得自身的最大经济利益；经济人假设是理论上的抽象概念，是人们认识经济规律的一个重要工具，没有这个假设前提，就不可能从复杂的经济现实中抽象出一般的经济原理，也不可能得出有意义的经济政策。

案例二主要分享了"人民英雄"张定宇院长的抗疫故事。新冠肺炎疫情是新中国成立以来我们遭遇的传播速度最快、感染范围最广、防控难度最大的一次重大突发公共卫生事件。以习近平同志为核心的党中央坚持"人民至上、生命至上"，带领全党全军全国各族人民，凝聚起抗击新冠肺炎疫情的磅礴力量。各级党组织和广大党员干部冲锋在前、顽强拼搏，广大医务工作者义无反顾、日夜奋战，人民解放军指战员闻令而动、敢打硬仗，人民群众众志成城、守望相助，最终取得了抗击疫情斗争的胜利。[①] 铁人院长张定宇就是这磅礴力量的其中一员。他的故事展示出了人性的选择对人类社会发展和个体生命的重要价值。

案例三阐述了为人民谋幸福，是我们党的初心和使命；为人民不懈奋斗，是共产党人的政治本色和价值追求。回顾百年我党发展历程，不难发现：她从来没有自己特殊的利益，任何时候都把人民利益放在第一位，这也是中国共产党作为马克思主义政党区别于其他政党的显著标志。习近平总书记在二十大报告中明确指出，从现在起，中国共产党的中心任务就是团结带领全国各族人民全面建成社会主义现代化强国、实现第二个百年奋斗目标，以中国式现代化全面推进中华民族伟大复兴。每一位党员干部都要矢志不渝为人民不懈奋斗、同人民一起奋斗、创造更大的发展奇迹和更加美好的未来。

通过比较这三个案例，引出利己与利他之间、"经济人"与"经世济民之人"的区别以及经济人假设与人性选择之间的矛盾。利用这种冲突可以驱动学生进行深入思考，帮助学生理解经济人假设只是人们认识经济规律的一个重要工具，绝不是要提倡人人自私自利，按照经济人假设来确定自己的行为。以中国式现代化全面推进中华民族伟大复兴更需要我们每个人的"利他奉公"行为。作为社会成员的一分子，每个人都可以通过提高自我的社会责任感来影响他人，进而鼓励大学生们以国家富强、人民幸福为己任，做"经世济民之人"，为实现中华民族伟大复兴梦而奋斗！

---

① 梁东兴、邓万民《在思政课中讲好抗疫武汉保卫战》，载《中国高等教育》2020年第7期。

五、教学方法与手段

微观经济学课程主要采用大班讲授与小班讨论结合的教学方法，创造主动学习型氛围，在确保学生掌握经济学基本原理的基础上活学活用，引导、启发学生自觉提升个人的价值追求和思想道德修养，最终提高分析问题和解决问题的能力。大班课堂教师将思政元素融入讲授内容，小班课堂教师提供思政素材、设计思政案例，引导学生分组研讨，进行汇报。两者相互结合，将思政元素贯穿至整个微观经济学教学过程。

1. 大班课堂授课

大班授课主体是教师，教师通过思政元素的挖掘，将经济学理论与我国经济建设、当前新的战略思想、中华优秀传统文化以及正确的价值观等思想政治教育紧密结合起来。具体可以根据不同的教学内容，运用多媒体教学和传统板书相结合的教学手段，采取讲授式教学、启发式教学、问题导入式教学等灵活多样的教学方式，使学生在认识市场经济特性与运行特点、掌握价格理论、供求理论、市场理论等核心理论的同时，能够结合我国经济发展的具体实际，理解党的路线方针政策，树立正确的人生价值观，提升学生的认知水平、经济素养和思想道德水平。

2. 小班课堂研讨

小班课堂上，要坚持"学生主体性"原则。由教师设计思政案例或播放多媒体视频的教学手段，引导学生运用演讲、对话、辩论等多样化形式，分组讨论，依托翻转课堂讲好中国故事，感受我国经济社会翻天覆地的变化，培养学生的民族自豪感和自信心，增强学生家国情怀和社会责任感。通过小班研讨的教学方式，学生可以更专注于主动学习，深入思考问题，并展开小组合作，共同研究解决与表达问题的方法，从而获得对知识点更深层次的理解。各小组成员在收集数据、撰写报告、PPT 汇报心得体会等过程中，学生的参与度与体验度不断增强，学生的自主思考能力和口头表达能力得到不断提升。

3. 其他教学方式

好的教育要润物细无声，引导学生自觉、自悟，并最终达到目标。除了大班授课与小班研讨相结合，还可以利用课后答疑、谈心交流等方式，进一步帮助学生树立科学的世界观、人生观和价值观，提升大学生的思想道德修养。积极引导和启发学生，课后广泛涉猎，自主阅读马列主义、毛泽东思想等经典原著，深入学习习近平新时代中国特色社会主义理论，加深对党的方针、政策的了解，培养学生辩证、系统的经济分析思维，不断提升自身的使命意识和责任感。

六、教学实施过程

在微观经济学第一堂课上，教师介绍微观经济学的定义时，一定会提到微观经济学重点研究单个家庭、单个企业等个体经济单位如何在市场机制调节下进行追求效用最大化或利润最大化的理性行为。于是引出微观经济学的重要假设条件——经济人假设。根据教材讲授经济人假设的概念，即在经济分析中，通常假设经济决策主体（消费者、生产者等）的经济行为都是合乎理性的，他们在经济活动中不会感情用事，而是精于判断和计算，以利己为动机，力图以最小的经济代价去获得自身的最大经济利益。对消费者来说，是以自身的满足最大化为目标；对生产者来说，是以产量最大化、成本最小化以及利润最大化为目标；对要素所有者来说，是以自身报酬收入最大化为目标。经济人假设具体包含了理性假设与自利假设两方面，西方经济学者认为个体追求自身利益最大化的理性行为会导致社会利益的实现。在大班授课过程中，这些概念和理论前提对学生来说通常比较抽象，学生虽可以将概念及条件背下来，但并不真正理解这个假设条件，也不明白为什么经济学要以此为假设前提、这个假设与实际经济生活是否一致等问题。所以，可以将这些具体问题串联起来，形成"问题导入式"教学，激发学生的学习兴趣，促使学生主动去思考为什么有经济人假设这个条件。

在西方经济学理论体系中，经济人假设是为了理论分析的方便和需要而设立的，与实际经济生活存在很大差距。所以，为避免学生理解上的混乱，在讲授这个知识点的时候，一定要引导学生不能完全按照经济人假设来确定自己的行为。因此在小班课堂上，可以通过设计案例一，让学生理解经济人假设只是认识经济规律的一个工具，没有这个假设，就不可能从复杂的现实中抽象出一般的经济原理，不可能得出有意义的经济政策。案例二的选择是为了让学生了解现实生活中存在很多利他奉公的行为，进而深刻体会到利他行为在人类社会发展中的重要意义与价值所在。案例三进一步阐述了为人民谋幸福，是我们党的初心和使命；为人民不懈奋斗，是共产党人的政治本色和价值追求。对比这三个案例引出了利己与利他之间、私人利益与社会利益之间、"经济利益人"与"经世济民之人"的区别和冲突，并利用这种冲突驱动学生就经济人假设与人生选择的区别，以及如何用社会主义的制度、法律、社会道德和文化价值观念来规范和优化经济人的行为方式等一系列问题进行分组讨论，鼓励学生以不同形式分享生活中各种利他行为的案例，建立正确的人生价值观。

最后，教师总结案例讨论结果，引导学生不能将西方经济学前提假设中的"利己自私""个人主义"作为现实生活中为人处世的信条，要突破经济人单纯谋利的狭隘眼光，把发挥自身潜能为社会做出贡献作为追求的目标，坚持社会主义道德底线，坚持国家和人民利益高于一切，树立"服务人民、奉献社会"的人生观，完善自己、提高自己，在社会主义现代化建设中实现自身的价值。这也是新时代合格大学生应该具备的品质素养。

七、考核与评价方式

可以采取原理考试、分组讨论 PPT 展示、提交研讨报告、撰写心得体会等多种方式灵活考核学生对该经济人假设知识点的理解和运用能力，达到锻炼学生思维、表达以及实践能力，促进学生综合能力的全面发展的目的。

八、实施成效

教师在大班课堂上通过问题导入式教学，有效激发了学生对经济人假设知识点的兴趣，激励学生积极进行思考，课后联系实际拓展书本知识，从而加深其对该知识点的理解。在小班课堂上，案例式和讨论式教学相结合的教学方式，使得学生在收集资料、素材整理、分组研讨、PPT 展示的过程中，进一步巩固了该知识点的学习，增强了学生的理论思维和创新意识。由经济人假设引出了价值选择的讨论，并在教师的引导下，避免了该假设条件对大学生人生价值观选择的不利影响，同时帮助大学生提升个人的价值追求和思想道德品质修养，主动肩负起未来建设中国特色社会主义的重任，最终达到了思政教育的目标，实现了思想政治教育与专业知识教育的有机统一。

推荐文献

[1] 斯密. 国民财富的性质和原因的研究：上，下卷 [M]. 郭大力，王亚南，译. 北京：商务印书馆，2020.

[2] 习近平. 习近平谈治国理政 [M]. 北京：外文出版社，2014.

[3] 习近平. 习近平谈治国理政：第二卷 [M]. 北京：外交出版社，2017.

[4] 习近平. 习近平谈治国理政：第三卷 [M]. 北京：外交出版社，2020.

[5] 习近平. 习近平谈治国理政：第四卷 [M]. 北京：外交出版社，2022.

第三编

财政学专业
课程思政案例

国有资本投资与我国基本经济制度[*]

主讲教师

肖海翔，经济学博士，湖南大学经济与贸易学院副教授，财政税务系主任，主要研究方向为财政与税收、社会保障与健康经济。

---

　　* 教材中使用的是"经营性国有资本投资结构管理"，参照其他文献与文件，本文用"国有资本"替代"经营性国有资本"，知识点更新为"国有资本投资管理"。

一、课程信息

1. 课程名称

公共财政管理。

2. 课程类型

拓展型课程。

3. 授课对象

财政学专业本科生。

4. 知识点

国有资本投资管理。

5. 教学课时

4 学时。

二、教学目标

1. 知识目标

掌握国有资本投资与我国以"公有制为主体、多种所有制经济共同发展"基本经济制度的关系；掌握市场失灵理论、国家安全理论，理解国有资本投资选择的理论依据；掌握我国国有资本投资的重点领域，识别哪些领域与行业只能国有控股，哪些领域与行业可以国有独资。

2. 技能目标

（1）提升学生的理解与判断能力：能运用市场失灵理论和国家安全理论判断我国国有资本的投资结构。

（2）提升学生的提炼能力与逻辑推导能力：根据已有理论解读相关的政府文件，提炼文件背后的投资逻辑。

（3）提升学生的案例分析与运用能力：给出具体案例，分析国有资本投资的布局结构，分析不同领域中国有企业的国有资本控股情况。

3. 思政目标

（1）培养学生对我国基本经济制度的深刻认同感。通过培养学生的制度理解能力，指导学生加强对我国国有资本投资管理的相关制度的理解，尤其是对国有资本投资与"以公有制为主体"基本经济制度的逻辑关系的理解力。

（2）培养学生经世济民的家国情怀。通过提升学生的文件解读能力，引导学生依据所学相关理论，解读我国目前与国有资本投资相关的文件，带动其关心时政、关注改革、学以致用。

（3）引导学生坚定"四个自信"。引导学生主动与党中央关于国有资本投资管理的政策方向保持一致；增强学生对国家政策的信心，帮助其坚定道路自信和制度自信。

（4）激发学生的爱国热情。通过内容讲解与案例分析，引导学生了解我国国有资本投资管理的成效，激发爱国热情。

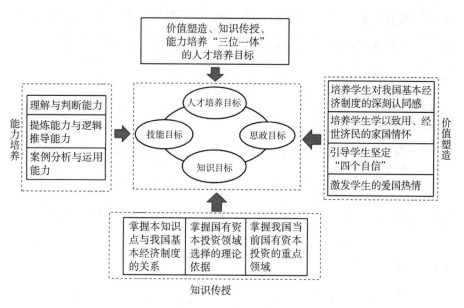

图1 专业与思政有机融合的国有资本投资管理教学目标体系

三、教学重点与难点

1. 教学重点

（1）国有资本投资的理论依据，即市场失灵理论、国家经济安全理论，该理论依据如何与思政元素结合？

（2）国有资本投资与我国基本经济制度的关系。

（3）国有资本投资的重点领域及其拓展。

2. 教学难点

（1）对国有资本投资领域的拓展，对《关于国有企业功能界定与分类的指导意见》（国资发研究〔2015〕170号）的解读。

（2）如何设计一系列案例以贯穿课堂，该案例既要体现专业知识点又要富有思政元素，同时还应该具有丰富的分析点，且能润物无声，以契合各种能力培养的目标。

四、案例介绍

1. 案例一：央企战疫图鉴——结寨扎营，建设医院

2020 年 1 月 24 日至 2020 年 2 月 3 日，短短十天内我国建设完成了武汉火神山医院，总建筑面积 3.39 万平方米、可容纳 1000 张床位。10 天 10 夜，是谁完成了"不可能的任务"？下面是火神山医院的建设主体。

设计企业：国机集团中国中元公司，修订小汤山医院图纸，78 分钟。

土建施工企业：中建三局，10 天。

通信设施施工企业：中国联通、中国电信、中国移动、中国铁通等，1 天。

电力设施施工企业：国家电网，1 天。

现场能源补给企业：中国石油，1 天。

装修材料供给企业：中国建材，1 天。

板房安装施工企业：中国铁建十一局集团，1 天。

远程会诊系统建设：中国电信，7 天。

物资保供企业：中储粮集团，8 天。①

---

① 案例一全文来源于国务院国资委网站。

2. 案例二：时任国资委副主任翁杰明关于推动国有资本布局优化的讲话

2021年10月12日，国新办举行国务院政策例行吹风会，介绍实施国企改革三年行动推动国企改革发展有关情况。时任国资委副主任翁杰明在回答记者提问时提到，国资委将进一步推动国有资本的布局优化和结构调整。

第一，推动国有企业围绕主责主业大力发展实体经济，做到国有资本有进有退。促使国有资本向关系国家安全、国民经济命脉的重要行业领域集中，向关系国计民生、应急能力建设、公益性的行业领域集中，向战略性新兴产业集中。第二，促进产业结构调整，提升产业链、供应链的稳定性和竞争力。主要推动国有企业在产业链、供应链的关键环节和中高端领域进行布局。第三，结合国家重大区域发展战略，推动区域协调发展。围绕区域一体化发展等重大战略，推动中央企业和地方国有企业建立央地合作的良好机制。第四，推动中央企业更多地投资像5G、工业互联网、人工智能、数据中心等新型基础设施建设，促进新一代信息技术与产业深度融合，促进中央企业和地方国有企业的数字化、智能化转型，培育具有全球竞争力的世界一流企业。①

3. 案例三：代表性国企的主营业务介绍

中建三局，是中国建筑工程总公司的子公司，国家高新技术企业。经营范围包括建筑工程总承包、施工、咨询、路桥建设、房地产与城市综合开发等。中建三局有子公司十家，区域分公司六家、分局及办事处五家，有甲级设计院和多个省级技术中心。②

---

① 案例二全文引自国务院国资委网站。
② 中建三局资料全文引自中建三局官网。

中国联通，主营业务为固定通信业务，移动通信业务，国内国际通信设施服务业务，数据通信业务，网络接入业务，各类电信增值服务等；2020 年，其总资产超过 6158.2 亿元，营业收入突破 3048.8 亿元，利润总额超过 2735.3 亿元。①

中储粮，负责中央储备粮（中央储备油）的经营管理，执行粮油购销调存等任务，具有搞好国家粮食储备、服务国家宏观调控、维护粮食市场稳定等职责。②

五、教学方法与手段

1. 课前

要求学生看关于国务院国资委、中央电视台组织拍摄的大型纪录片《国企备忘录》，教师提前结合国有资本投资管理的知识点提出问题，并在问题中引入思政元素，引导学生开展自主学习和思考。

2. 课中

坚持问题导向和内容导向相结合，教学内容与国有资本投资的热点相结合，通过问题导入→启发思考→共同分析→构建知识开展研讨式教学，采用问题驱动教学法、比较分析法、案例分析法等教学方法，实现专业知识与课程思政同向同行，融会贯通。

3. 课后

推荐国有资本管理的热点纪录片与视频，引导学生自主观看，进一步巩固和拓展课堂所学知识点。

---

① 中国联通资料全文引自中国联通官网。
② 中储粮资料全文引自中国储备粮食管理有限公司官网。

六、教学实施过程

1. 课程导入，提出问题

（1）导入。

通过案例一"央企抗疫图鉴——结寨扎营，建设医院"进行导入。

（2）设问。

火神山医院建设的主要市场主体有哪些？

参与建设的国有企业都分布在哪些领域？

如果国有资本没有在这些行业形成投资布局，火神山医院的建设会受影响吗？

（3）引出思考。

国有资本投资应该遵循什么原则布局？

哪些领域与行业应该加大国有资本投资？

哪些领域应该适度缩小投资？

（4）总结问题。

火神山医院的建设以国有企业为主要建设主体，参与医院建设的国企主要分布在基础设施建设领域、能源供应领域等；如果没有国有企业的介入，火神山医院建设速度会受影响，甚至难以完成建设。

（5）设计意图。

选择近期的热点案例切入，引发学生对实际案例分析的兴趣，以设问引出本堂课的内容，并带着问题学习新知识。

2. 课堂内容展开：主要知识点阐述

（1）国有资本投资与我国基本经济制度的关系。

回顾我国生产资料所有制形式：公有制为主体、多种所有制经济共同发展。

国有资本投资的对象与载体：国有企业。

设问：如何体现"公有制为主体"，通过哪一类市场主体来实现？

两者关系：国有资本、国有企业是我国所有制形式的重要体现，也是所有制形式实现的重要载体。

思政教学点的设计：本部分是专为思政元素而新设的内容。目标在于引导学生思考国有资本投资与"公有制为主体"的关系，进一步加强对学生我国生产资料所有制形式的理解。

（2）关于国有资本投资领域的基础理论。

①市场失灵理论。

简单回顾"市场失灵"理论。

在"市场失灵"领域可以进行国有资本投资。造成"市场失灵"的原因主要有自然垄断、公共品（服务）、外部性、不完全信息等。

"市场失灵"并不必然要求引入国有资本投资，还可通过政府干预与管制，对市场机制运行与私人产权主体行为进行调节。

是否引入国有资本投资，取决于制度安排的效率与成本。

②国家经济安全理论。

简单回顾"国家经济安全"理论。

国家经济安全的主要内容：基本经济制度安全；所有制结构、分配结构安全；经济主权安全；经济危机风险；等等。

涉及国家经济安全与国民经济命脉的行业是国有资本投资的重要

领域。

思政教学点的设计：引入习近平总书记的国家经济安全观的阐述，经济安全是总体国家安全的基础。

③小结。

从各国实践看，无论是发展中国家还是发达国家，国有资本投资事实上总会超出"市场失灵"领域；大部分国家会还将其用于解决市场不足、实现国家经济安全与战略利益等领域。

（3）我国国有资本投资的重点领域。

国有企业是国有资本投资的对象，国有资本的投资目标要通过对国有企业的投资来实现。本部分主要讲解我国国有资本投资的重点领域与行业。

①重点投向涉及国家经济安全、国民经济命脉的领域：国防科技工业（核、航空航天、兵器、军用电子等）、国家重点基础设施（铁路网、电力网、通信网等）、战略物资储备、不可再生战略资源（矿山、石油、天然气等）供应等。

②重点投向关系国计民生、应急能力建设领域：城市重点基础设施（供电、供气、供水、干道等）、监测预警类、应急救援等行业。

③重点投向公益性的行业：市政服务类产业等。

④重点投向战略性新兴产业：新能源、节能环保、新材料、信息、生物等。

⑤补充：国有资本投资应从缺乏市场竞争力的非主营业务中退出。

⑥通过设问将本节内容与前文的理论依据相连接：

国有资本为什么要投向以下几大领域，其理论依据是什么？

在这些领域撤出国有资本投资可能导致的后果？

⑦思政教学点的设计：本部分将教材内容与案例二的内容进行了整合，旨在将党中央关于当前国有资本投资领域的最新政策引入教学内容，加强学生对不断变化的国际环境下我国国有资本投资管理的理解。

3. 课堂内容延伸：知识点拓展

本部分将《关于国有企业功能界定与分类的指导意见》（国资发研究〔2015〕170号）作为教学内容进行拓展。

（1）分类的依据。

①主要依据：主营业务和核心业务范围。

②其他考量：

不同国有企业的作用、现状和需要。

国有企业经营的多样性、复杂性：宜粗不宜细。

允许各地因地制宜，界定国有企业功能类别。

（2）具体分类。

①商业类国有企业：以增强国有经济活力、放大国有资本功能、实现国有资本保值增值为主要目标。

商业一类：主业处于充分竞争行业和领域的商业类国有企业。

商业二类：主业处于关系国家安全、国民经济命脉的重要行业和关键领域、主要承担重大专项任务的商业类国有企业；处于自然垄断行业的商业类国有企业。

②公益类国有企业：以保障民生、服务社会、提供公共产品和服务为主要目标。

（3）国有资本的控股要求。

①商业一类：国有资本可绝对控股、相对控股或参股；积极实现股权多元化；低效、无效及不良国有资本应及时退出。

②商业二类：要保持国有资本控股地位，支持非国有资本参股；处于自然垄断行业的商业类国有企业，如果需要实行国有全资，要积极引入其他国有资本实行股权多元化。

③公益类国有企业：采取国有独资形式，支持非国有资本参与经营。

（4）思政教学点的设计。

本部分是根据新形势、新政策设计的延伸内容，以国务院国资委的文件为载体，具有天然的思政元素。通过解读〔2015〕170号文件，使学生意识到要根据国有企业的主营业务与所在领域来进行国有资本投资所占股权的具体设计。

4. 案例分析

（1）设问。

要求学生阅读案例一、二、三，思考并回答以下问题。

①为什么火神山医院建设的主要主体是国有企业？

②根据〔2015〕170号文件的标准，案例中参与抗疫的代表性国有企业中建三局、中国联通与中储粮分别属于什么类别的国有企业？

③根据案例二分析上述企业所在领域是否属于我国国有资本加大投入的领域？

④根据〔2015〕170号文件的内容，分析国资委对这些企业的国有资本控股状况有什么具体要求？

（2）讨论。

请学生发言。

（3）总结。

①市场失灵与国家经济安全理论：新冠疫情是重大突发公共卫生事件，火神山医院建设属于公共服务供给范畴，根据市场失灵与市场不足

理论，国有企业作为国有资本投资的对象，应该进入。

②根据主营业务范围，中建三局属于商业一类国有企业；中国联通属于商业二类国有企业；中储粮属于公益类国有企业。

③中建三局可以根据主业的保值增值情况决定是否加大国有资本投资；中国联通、中储粮可以加大国有资本投资力度。

④案例中三家企业的国有资本控股要求分析。

中建三局：国有资本可绝对控股、相对控股或参股；如果该企业有缺乏市场竞争力的非主营业务，国有资本应尽快从中退出。

中国联通：保持国有资本控股地位，支持非国有资本参股。

中储粮：采取国有独资形式，可通过购买服务、特许经营、委托代理等方式，鼓励非国有企业参与经营。

（4）思政分析点的设计。

通过讨论和剖析不同类型国有企业参与抗疫的案例，提升学生对国有资本主要投资领域的认识，进一步了解我国国有资本应在哪些领域加大投资，及各类国有企业的国有资本股权控制的具体要求。

5. 归纳小结与课后作业

（1）小结。

总结本堂课的内容，强调重、难点。

①强调要掌握好我国国有资本投资的主要领域，并能将这些重点领域与该领域下的具体的行业、相关的国有企业进行关联分析。

②强调学生应学以致用，以用促学，知行并进，鼓励学生养成读文献、读文件的习惯，多观察身边的财政管理、国有资本管理的特征，打好基本功，培养自己"经世济民"的责任担当。

（2）课后作业。

①查找任一省会城市本年度重大项目投资计划表中基础设施方面的

投资，分析其国有资本投资的规模与行业特征。

②观看《国企备忘录》纪录片一集，下次课抽两位同学谈观后感想。

（3）思政设计元素。

《国企备忘录》大型纪录片自带思政元素。该纪录片展现了中国国有企业改革波澜壮阔的历史、现实与发展之路，是中国国有企业的成长和改革历程的备忘录。

七、考核与评价方式

对学生课前预习、课中思考、回答问题、小组讨论进行系统评价。实现教学实施与思政育人的有机统一。

八、实施成效

1. 实现了专业知识与课程思政的深度融合

本案例以参与抗疫的国有企业为载体，将我国国有资本投资的主要领域、行业与抗疫工作结合，阐述国有资本投资所发挥的作用，创造了积极探索的教学情境；同时将〔2015〕170 号文件引入教学内容，将知识联系政策，让知识富有德性，实现了专业知识与课程思政同向同行，深度融合。

2. 实现了学生对我国基本经济制度、国有资本投资管理政策的深刻认同

通过本案例教学，学生能更好地理解我国生产资料所有制形式，同

时有效引导了学生在关于国有资本投资管理的政策上主动与党中央保持一致。不少学生反映以前将所有制形式作为一个抽象概念，靠背诵来识记理解我国的基本经济制度，但未将其与我国的国有资本、国有企业的投资领域相联系。通过本次课程的学习，学生对国有资本投资与"以公有制为主体"基本经济制度的逻辑有了深刻认识。

3. 培养了学生关注祖国、关注改革、学以致用、经世济民的家国情怀

通过提升学生的理论运用能力、文件解读能力、案例分析能力引导学生根据所学理论，理解我国国有资本投资的重点领域，带动其关注国家发展、关心时政、关注经济社会改革。不少学生表示学完这个知识点以后，养成了关注大型国有企业年度投资方向与投资行为的习惯。本案例增强了学生对国家政策的信心，帮助其坚定了道路自信和制度自信，实现了"润物细无声"的思政效果。

推荐文献

[1] 梁琪，余峰燕. 金融危机、国有股权与资本投资 [J]. 经济研究，2014（4）：47-61.

[2] 黄群慧. 国有企业分类改革论 [J]. 经济研究，2022（4）：4-12.

[3] 徐丹丹，曾章备，董莹. 基于效率评价视角的国有企业分类改革实现路径研究：以高端装备制造业为例 [J]. 中国软科学，2017（7）：182-192.

[4] 叶卫平. 国家经济安全定义与评价指标体系再研究 [J]. 中国人民大学学报，2010（4）：93-98.

[5] 凌胜利，杨帆. 新中国 70 年国家安全观的演变：认知、内涵与应对 [J]. 国际安全研究，2019（6）：3-29+153.

共同富裕视角下个人
所得税改革策略*

主讲教师

　　唐　明，经济学博士，湖南大学经济与贸易学院副教授，主要研究方向为消费税制度与政策、房地产税制度与政策、增值税收入分享、地方税体系、环保税税制、服务贸易税制等。

　　* 本案例是 2021 年湖南省普通高等学校教学改革研究项目"税收学课程思政教学改革与实践研究"（项目编号：HNJG-2021-0357）和 2021 年湖南省学位与研究生教学改革研究项目"经济类课程思政立德树人的实现机制与路径研究"（项目编号：2021JGSZ029）的阶段性研究成果。

一、课程信息

1. 课程名称

税收学。

2. 课程类别

研究型课程。

3. 授课对象

财政学本科生、税务专硕、财政学学硕、经管类本科生和研究生。

4. 知识点

个人所得税。

5. 教学课时

4~6 学时。

二、教学目标

1. 知识目标

（1）梳理个人所得税的调控职能的作用机理。

（2）理解个人所得税计税原理，熟悉个人所得税法规，熟记个人所得税的基本要素。

（3）掌握各种情境下个人所得税的计算，能熟练操作综合所得预扣预缴和汇算清缴。

2. 技能目标

（1）执业能力。能正确计算个人所得税，能进行个人所得税的纳税申报、纳税筹划和涉税风险管理。

（2）自学能力和团队合作能力。通过课前自学、课中案例研讨、课外实践调研和学术论文写作，培养学生自主探究知识的能力，提升学生的团队意识和合作精神。

（3）思辨能力。紧扣当前共同富裕和个税改革、减税等热点问题，培养学生对实际问题的分析判断能力和辩证思维能力。

3. 思政目标

（1）引领"四个自信"教育，培养学生的家国情怀。在融入"史学教育、国情教育、时局教育"的基础上，客观分析共同富裕是社会主义的本质要求和中国式现代化的重要特征。了解个人所得税的自身属性和特点决定其对推进共同富裕具有重要作用。理解个税对调节贫富差距以及个税减税改革进程对社会公平、民生等的影响，理性阐释中国特色社会主义共同富裕和个人所得税理论与制度，增强学生对我国共同富裕和个税减税制度设计的认同感，启发学生对中国税收治理之道的思考，引领学生对当今中国治国理政的深刻理解，培养学生的家国情怀。

（2）增强幸福指数，培养公共精神。以实际调查案例、撰写学术论文，让学生从感性和理性多重视角深刻感受个税减税红利，理解体会国家为了实现共同富裕和满足人民对美好生活追求所付出的努力，有意识地将税收缴纳与日益增长的公共服务结合起来开展教学，让学生明白取与予、得与失的辩证关系，树立国家与集体意识。加强诚信和法治教育，树立公民意识和责任意识，提升正确处理国家与个人关系的能力，培养公共精神，形成主流价值取向。

在个人所得税这一章中专业与思政有机融合的教学目标体系，如图1所示。

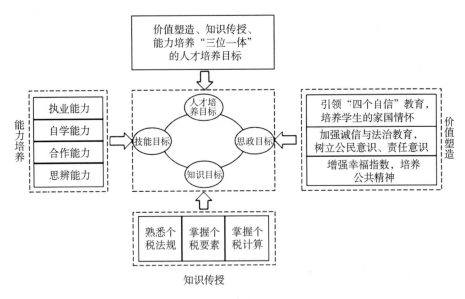

图 1 专业与思政有机融合的个税教学目标体系

三、教学重点与难点

1. 教学重点

（1）清晰梳理个人所得税知识传授、能力培养和价值塑造过程中具体融合点，以及适宜采取的教学方式方法等。

（2）明确上述融合点在知识传授过程可以达到哪些能力培养目标，以及如何达到这些能力培养目标。

（3）明确在知识传授和能力培养过程中蕴藏的共同富裕思政元素，以及如何将共同富思政元素巧妙引入专业课内和课外全过程。

2. 教学难点

本案例一改传统思政教学以教师理论讲授为主的方式，以学生为主体，思政教学达到学生"自己教自己"的目的。那么，如何启发和引导学生进行课前和课后的实践调研、课堂小组研讨、课后思政育人效果的提升，如何将知识传授、能力培养和价值塑造有机融合？不同的融合点适合采取何种教学方式和方法？通过润物无声的方式，达到专业课思政教学"内化于心、外化于行、固化于制"的"三化"要求。

四、案例介绍

我国全面建成小康社会之后，持续稳步推进全体人民实现共同富裕成为全面建设社会主义现代化国家的必然要求。共同富裕的实现需要构建协调配套的三次分配的制度体系，具体包括：按劳分配的初次分配、政府调节收入的再分配以及以社会公益慈善捐赠为主体的三次分配。个人所得税作为政府一项重要的再分配调节工具，其在调节居民收入分配，促进共同富裕方面发挥了重要作用。

1. 共同富裕对完善个人所得税制的客观要求

实现共同富裕，是社会主义的本质要求，也是中国式现代化的重要特征。习近平总书记在 2021 年 8 月 17 日中央财经委员会第十次会议上指出："我们说的共同富裕是全体人民共同富裕，是人民群众物质生活和精神生活都富裕，不是少数人的富裕，也不是整齐划一的平均主义。"该讲话向我们展示出共同富裕的深刻含义。具体地讲，共同富裕的含义可以从五个方面加以分类。[1]

---

[1]　韩学丽：《共同富裕视角下个人所得税的作用机理及优化路径》，载《地方财政研究》2022 年第 1 期。

（1）共同富裕是全民富裕。

共同富裕不在于部分群众和部分地区富起来，也不在于少数群众富起来，而在于全体人民富起来，在于全体人民能够掌握一切物质资料以满足美好生活所需，实现每个人生活水平富起来。

（2）共同富裕是全面富裕。

共同富裕不仅是在物质生活上实现富裕，更是精神层面上的富足，囊括美好生活的方方面面，包括物质生活丰裕，精神生活健康向上，社会文明和谐，环境生态宜居，公共服务均等普惠，文化产品丰富多彩，个人成长全面发展等全方位、多角度的真正富裕。

（3）共同富裕是差别富裕。

共同富裕不等于同等程度的富裕、同样步骤的富裕，更不等于平均主义，而是允许社会成员在实现富裕时的速率、程度和时序上存在一定的差异。绝对平均主义抹杀了个体差异，忽视差异下的平均主义会致使经济发展陷入停滞甚至倒退。共同富裕同样反对两极分化，要求消除绝对贫困、壮大中等收入群体，同时将城乡差距、区域差距和群体差距控制在合理范围。

（4）共同富裕是渐进富裕。

要认识到共同富裕是一个动态概念，具有长期性、艰巨性和复杂性的特点，这决定了共同富裕的实现不可能一蹴而就，而是要分区域、分阶段、分步骤、有重点地持续推进。习近平总书记提出，我国到2035年，共同富裕取得实质性进展，到21世纪中叶共同富裕基本实现。

（5）共同富裕是共享富裕。

在追求共同富裕的过程中，要确保社会全体成员都能获得自我发展和奉献社会的机会，共同享有人生出彩的机会，共同享有实现理想的机会，保证人民平等参与、平等发展权利，维护社会公平正义，使发展成果更多更公平惠及全体人民，朝着共同富裕方向稳步前进。

综上，共同富裕建立在生产力高度发展的基础上，要求社会整体达到富裕水平。在这个过程中，每个社会成员都应该拥有满足其美好生活需要的各种物质资料。同时，为了保持社会的活力和进步，成员之间的收入和财富应保持合理的差距。这种普遍富裕的状态是共同富裕的理想目标，需要通过持续的努力和改革来实现。实现共同富裕需要有一系列制度保障与政策支持，而走向共同富裕离不开科学财税体制，个人所得税作为政府的一项重要的调节收入分配、促进共同富裕的政策工具，应在推动共同富裕方面发挥重要作用。

2. 共同富裕视角下个人所得税存在的主要问题

2018 年，我国对个人所得税制度进行了重大调整，改革极大地减轻中低收入者纳税负担，在进一步完善税制、增进社会福利和改善民生等方面都发挥着积极的作用。但在新的个税税制中收入再分配效应还没有突破性增强，收入再分配职能较之发达国家还比较薄弱，促进共同富裕的作用还需进一步提高。

（1）在综合分类税制模式中，所得的税负存在不公。

新税制仅在综合所得中纳入 4 个所得项目，综合征收的范围比较狭窄，剩余所得项目仍实行分类征收，从而影响税负的公平。通过比较个人所得税收入构成和居民人均可支配收入来源构成，可以看出个人所得税从劳动所得取得的收入比重显著高于从经营所得及资本所得取得的收入比重。个人所得税大致可分为劳动所得（工资薪金所得、劳务报酬所得、稿酬所得等）的 3 个税目，在 2019 年对个人所得税贡献 63.6%，而与其大致对应的居民工资性收入在居民人均可支配收入中的比重仅为

55.9%，两者相差 7.7 个百分点，表明劳动所得的税负较重，详见表 1。

表 1 2019 年个人所得税收入结构与居民可支配收入结构对比

个人所得税			居民人均可支配收入	
税目	税收占比/%		收入来源	收入占比/%
工资、薪金所得	59.5	63.6	工资性收入	55.9
劳务报酬所得	4.0			
稿酬所得	0.1		经营净收入	17.1
经营所得	7.0	7.0		
特许权使用费所得	0.1	12.9	财产净收入	8.5
利息、股息、红利所得	11.9			
财产租赁所得	0.9			
			转移净收入	18.5
其他项目	16.5			
合计	100		合计	100

资料来源：根据 2020 年《中国统计年鉴》《中国税务年鉴》的数据计算得到。

对比而言，经营所得的税负较轻。在 2019 年，经营所得在个人所得税中的占比仅为 7.0%，这一数字远低于经营净收入在居民可支配收入中的占比 17.1%。这一现象的产生，与经营所得税的税率结构密切相关。在经营所得的征收中，最低档税率以及核定征收方式贡献了主要税负，这不仅体现了个体经营活动中会计核算的单一性，也反映了税务机关为简化征收流程而采取的策略。然而，这种税率结构在一定程度上削弱了个人所得税通过累进税率对收入分配进行调控的功能。

资本所得的税负介于劳动所得和经营所得之间。与劳动所得相比较，资本所得享受的税收优惠更多。但资本所得在高收入群体的收入中比重较高，过多的税收优惠不利于发挥税收的调节效应和纵向公平作用。在资本所得中，特许权使用费收入和财产租赁收入的贡献较小，而股息、红利所得和财产转让所得贡献了主要部分。其中，股息、红利所得在取得、持有、出售等几乎所有环节均享受全链条税收优惠政策。而财产转让所得虽名义上实行20%的比例税率，但由于操作困难，实际税率往往较低，例如不能提供住房原值凭证的个人转让住房时，税务机关将按住房转让收入1%~3%核定征收。这些规定都在一定程度上降低了资本所得税负。

（2）税率结构设计不合理。

①税率级次较多。在税率结构方面，我国综合所得的七级超额累进税率显得较为烦琐，这在一定程度上增加了税制的复杂性。与OECD国家普遍实行的3~5级累进税率相比，我国的税率级次显得过多，这可能对税收的纵向公平性产生影响。

②边际税率较高。在最高边际税率方面，我国的45%税率在国际比较中偏高。自2000年以来，削减税率级次和调低最高边际税率已成为国际个人所得税改革的主流趋势。在此背景下，我国的最高边际税率可能会对吸引高端人才产生一定的制约作用，尤其是在全球人才竞争日益激烈的环境下。此外，综合所得与其他类型所得之间的边际税率差异也可能导致税收不公。例如，劳动所得的最高边际税率45%明显高于经营所得的35%和资本所得的20%。这种差异可能导致高收入者通过税收筹划或转变所得类型来规避高税率，从而削弱了税收调节收入分配的作用。值得注意的是，我国当前设置的45%的最高边际税率对调节高收入的作用有限。实际上，适用这一税率的人数极少，约占总人口的0.03%，这使得高税率的设置在一定程度上形同虚设。此外，高税率还可能刺激纳税人进行逃税或避税的行为，加大税收征管的难度，并可能

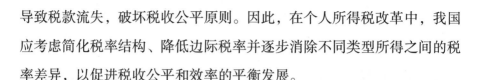

导致税款流失，破坏税收公平原则。因此，在个人所得税改革中，我国应考虑简化税率结构、降低边际税率并逐步消除不同类型所得之间的税率差异，以促进税收公平和效率的平衡发展。

（3）税基和专项附加扣除项目有待调整优化。

①免征额提高导致税基缩小。新税制中提高的免征额虽然有效地减轻了公众的税收负担，但也导致了税基的缩小，从而在一定程度上削弱了税收对收入再分配的影响。与 OECD 其他国家相比，我国个人所得税的税基相对较窄，税收收入占比较低，这无疑对个人所得税再分配的整体效果产生了不利影响。因此，对于免征额的设置，有必要进行更为细致和深入的探讨，确保其在减轻低收入家庭税收负担的同时，也能更好地发挥税收对收入分配的调节作用。

②专项附加扣除有待优化。当前专项附加扣除中的子女教育专项附加扣除额度的确定仅基于子女人数，而未充分考虑到不同教育阶段和地区之间教育成本的差异性。实际上，不同阶段的教育费用存在显著差异，包括学前教育、高中和大学阶段。然而，目前的标准仍然是每个孩子每月 1000 元，这一标准显然未能充分体现不同教育阶段间的差异性。因此，专项附加扣除制度的完善应更多地考虑到不同教育阶段间的费用差异，以确保税收政策的公平性和合理性。

综上所述，针对税基和专项附加扣除项目的问题，有必要进行更为深入的研究和探讨，以制定出更加科学、合理的税收政策，以期更好地发挥税收在调节收入分配和社会公正方面的作用。

（4）税收征管难以适应税制模式转变的要求。

当前，税收征管体系主要是基于分类税制构建的，但在向分类综合税制转变的过程中，确实存在一些不适应的情况。

①纳税人在主动申报纳税方面面临较大的困难。分类综合税制要求单位代扣代缴与自然人主动申报纳税相结合。然而，由于对自然人违法行为的处罚措施尚不完善，一些纳税人仍存在瞒报收入、少缴税款的侥幸心理，这进一步降低了自然人纳税人的税收遵从度。因此，如何提高纳税人的遵从度，降低其主动申报的困难，是税收征管面临的一个重要问题。

②涉税信息共享机制的建设进展相对滞后。税务部门获取信息的途径较为单一，主要依赖于扣缴义务人和纳税人填写的申报表以及专项附加扣除情况。由于缺乏第三方机构（如银行、保险公司、股票交易所等）提供的信息，导致跨省信息整合程度较低。全国性的涉税信息共享平台尚未建立，信息共享的范围相对有限。这使得税务部门难以及时获取重要的涉税信息，导致一些人有机会隐匿收入、逃避纳税责任。因此，建立健全的涉税信息共享机制对于提高税收征管的效率和准确性至关重要。

为应对这些挑战，有必要对现有的税收征管体系进行改革和完善，以更好地适应分类综合税制的实施。同时，加强纳税服务和宣传教育，提高纳税人的遵从度和信息披露意识也是必不可少的措施。

3. 共同富裕视角下个人所得税的优化路径

完善个人所得税收入再分配职能、推进共同富裕，是未来个人所得税改革和发展的必然要求。基于我国个人所得税税制及征管现状，应重点围绕以下四个方面加以优化。

（1）有序推进综合与分类相结合的个人所得税税制改革。

考虑到我国目前税收征管水平及配套措施的不完善，实行完全的综合税制条件尚不成熟，较为可行的做法是继续推进综合与分类相结合的个人所得税税制，逐步扩大综合所得的范围，下一步可将经营所得纳入进来一并计税。对于经营所得，应严格控制核定征收的适用范围。经营所得在纳入综合所得计税之前，允许将扣除经营成本、费用以及损失后的余额作为应纳税所得额。将经营所得纳入综合所得可进一步简化税制，实现劳动所得与经营所得的公平税负。

（2）削减级次，降低综合所得最高边际税率。

下调最高边际税率可刺激消费和投资需求增长，促进经济发展。税率的下调可增加高收入者税后可支配收入，从而提振这部分人群的消费需求，激发其消费意愿和消费潜力，增加对高质量消费品和服务的消费，推动消费结构升级与相关产业发展，并驱动投资的增长。下调最高边际税率，可增加对高端专业人才的吸引力，为推动我国科技进步、实施创新驱动战略、促进经济发展提供强大的人才支撑。借鉴国际经验，结合我国实际，最高边际税率可以降低到35%，税率级次也可以相应降低。结合前述将经营所得纳入综合所得改革的建议，35%的税率与原经营所得的边际税率持平，可以缩小综合所得和其他所得的税赋差距，有助于提升不同收入税赋公平。

（3）扩大税基，细化专项附加扣除标准。

在专项附加扣除项目中存在一个问题，即子女教育支出在不同教育阶段存在差异，但扣除额却相同。为解决这一问题，可以在维持义务教育阶段人均 1000 元/月扣除标准的基础上，根据学前教育、高中教育、高等教育等阶段相对于义务教育支出的费用差异制定系数，然后将1000 元与系数相乘，以确定不同阶段的扣除标准。对就读于不同区域高校纳税人家庭的子女教育扣除要体现区域差异，比如因为东部地区的消费水平较高，可以适当提高这些区域的高校子女教育专项扣除标准。

此外，改进住房贷款利息专项扣除时可参考住房租金专项附加扣除。根据目前月平均房贷利息扣除额为 1000 元，并充分考虑区域差异，设定不同城市大小房贷利息扣除等级，以便更好照顾到不同区域纳税人房贷支出压力。随着人口老龄化程度日益加重，赡养老人负担逐步增加。为使政策更贴近民生需求，在赡养父母专项附加扣除方面，可以根据赡养老人的人数设计不同的扣除额，以更好地关怀社会各阶层的需求。

（4）完善征管，构建共治共享的税收征管体系。

以实现共同富裕理念为指导，构建一体共治、资源共享的税收征管框架至为关键。在这一框架下，需要着重于完善税收治理中的公民参与机制，以提高公民的纳税意识。个人所得税的制定与修改直接涉及广大民众的切身利益，政府有责任鼓励人们通过各种途径，如网络媒体、公开的听证会等，表达他们的意见和建议，积极参与税法的制定和修改过程。这样一来，可以确保纳税人的合法权益得到充分而合理的表达，从而使税收政策法规更加符合广大人民的根本利益，充分反映人民的愿望。另一方面，需要加强与税收相关的信息共享机制。其中，建立一个协同共治的自然人涉税信息共享平台势在必行。

五、教学方法与手段

1. 课前自学引导

学生完成教材自主预习和中国大学网课程线上学习任务，教师结合个税改革提出思考性问题和研究性命题，在问题中引入思政元素，引导学生通过学习教材、查阅文献和线上资源，采用小组合作探究法和多维互动教学法开展自主学习。

2. 课中拓展提升

问题导向和内容导向相结合，教学内容与共同富裕、个税减税改革热点相结合，通过问题导入→启发思考→共同分析→构建知识的过程来开展合作研讨式教学，采用问题驱动教学法、比较分析法、案例分析法、情境教学法、研讨思辨等教学方法，利用多媒体课件、雨课堂、视频动画演示、研讨辩论等教学手段，实现专业知识与课程思政同向同行，融会贯通。

3. 课后拓展提升

学生通过雨课堂作答若干练习模块以达到课堂知识内化，通过上机实验操作个税计算和申报等实战演练达到学以致用、用以致学的目标。布置若干主题，如梳理关于共同富裕与个税制度设计及个税减税改革的政策体系，实地调研个税减税效果等，以达到拓宽学习广度的目标。同时，通过主题文献阅读、尝试撰写文献综述或学术论文等方式拓展学习深度。通过内化知识→实战演练→能力提升→拓宽视野等多维度、多管齐下来达到课后巩固，提高专业课思政教学效果。

六、教学实施过程

1. 课程导入

（1）导入。

在充分理解个税预扣预缴和汇算清缴的基础上，分小组实地调研和讨论个人所得税改革之后自己或亲戚家庭收入发生的变化，具体测算新个税提高生活费用扣除标准、增加专项附加扣除以及调整低税率级次等减税制度设计对普通家庭带来的改革红利。

（2）设问。

2019 年新个税的变化有哪些？2019 年前后我的家庭个税发生了哪些变化？新个税政策如何影响个人税负？

什么是共同富裕？个税如何推进共同富裕？新个税改革对社会经济带来哪些具体影响？

我国新个税在推进共同富裕过程中还存在哪些制度缺陷？其成因是什么？

共同富裕目标视角下个人所得税优化路径？

（3）引出思考。

新个税是如何充分体现了个税调节社会公平的作用，能否有效缩小社会的贫富差距，减少社会分配的不公平，在推进共同富裕过程中如何发挥出个人所得税的制度工具的强大作用？

（4）设计意图。

让学生以自己或亲戚家庭为调研对象，以享受个税减税改革政策红利的身边的实际案例为切入点，引发学生对实际案例分析的兴趣，引出本堂课的内容，并带着问题学习新知识。

2. 课堂内容展开

在专业课授课时自然而然地融入思政元素，采取翻转课堂，改变以往思政课教师主讲的模式，采取小组研讨，请学生汇报各小组的研讨结论，教师有针对地适时引导和拓展讨论主题的深度和广度。聚焦相关思政元素，具体的参与式课堂思政考学的部署安排，如表 2 所示。

表 2 参与式课堂个税思政教学的具体部署安排

具体命题	分析要求	对应知识点	思政元素
个税减税政策对我家的影响	在充分理解个税预扣预缴和汇算清缴的基础上，分小组讨论列举个人所得改革之后自己家庭发生的变化，具体测算新个税提高生活费用扣除标准、增加专项附加扣除以及调整低税率级次等减税制度设计对普通家庭带来的改革红利	第五章个人所得税第三节应纳税所得额的确定；第四节应纳税额的计算；第六节申报与缴纳	国情教育和"四个自信"教育。以学生亲手调研实际案例的方式，使其更深入地了解个人所得税的计算过程和缴纳方法，让学生察觉到个税减税改革给普通百姓带来的改革红利，使其深刻感受国家荣誉感与社会责任感，增强学生对我国个税制度设计的认同感，树立制度自信和道路自信
共同富裕对完善个人所得税制的客观要求	研读相关文献，深入理解和提炼共同富裕的深刻内涵。梳理科学的财税制度是迈向共同富裕的必要条件，个税作为调节收入分配，促进共同富裕的重要政策工具		引领"四个自信"教育，培养学生的家国情怀。共同富裕是社会主义的本质要求和中国式现代化的重要特征。理解个人所得税的自身属性和特点决定其对推进共同富裕具有重要作用。个税对调节贫富差距以及个税减税改革进程对社会公平、民生等的影响，理性阐释中国特色社会主义共同富裕和个人所得税理论与制度
个税推进共同富裕的作用机理	个税通过完善其税制模式、税率结构、税基和税收征管等方面因素，突出个人所得税再分配的调节作用，强化追求公平的核心理念，促进收入分配的公平正义，从而推动共同富裕	第五章个人所得税第一节个人所得税概述；第二节征税范围、纳税人和税率；第三节应纳税所得额的确定	

续表

具体命题	分析要求	对应知识点	思政元素
共同富裕视角下个人所得税存在的主要问题	详细探讨综合与分类相结合税制模式下：不同所得的税负问题、税率设计方面存在的问题；税基和专项附加扣除项目存在的问题；税收征管难以适应征管要求等	第五章个人所得税全章知识点	增强学生对我国共同富裕和个税减税制度设计的认同感，启发学生对中国税收治理之道的思考，引领学生对当今中国治国理政的深刻理解，培养学生的家国情怀
共同富裕视角下个人所得税的改革策略	以共同富裕为目标，今后个人所得税应从如下几个方面进行优化：一是有序地推进以综合和分类相结合为特征的个人所得税制改革；二是削减级次，降低综合所得最高边际税率；三是扩大税基，细化专项附加扣除标准；四是完善征管，构建共治共享的税收征管体系	第五章个人所得税全章知识点	

3. 学习目标、重点及难点

教师串讲知识点，利用思维导图帮助学生回顾和梳理教材自学和慕课所学知识点，明确本章具体到每一节的学习目标、重点及难点，如表3所示。

表3　个人所得税思政教学的学习目标、重点及难点

教学内容	学习目标	教学设计
个人所得税	知识目标： 1. 熟悉个人所得税法规 2. 掌握个人所得税的基本要素 3. 掌握个人所得税的计算 能力目标： 1. 能进行个税正确计算和申报纳税等 2. 能进行个税的税收管理和风险防控 3. 自学能力、团队合作和思辨能力等综合素养的系统培养 思政目标： 了解共同富裕对个税制度的客观需求、个税推进共同富裕的作用机理、探讨个税在推进共同富裕存在的主要问题，挖掘共同富裕目标下个税的优化路径	重点： 1. PPT讲解个人所得税的基本要素、计算与申报 2. 将思政要素融入个人所得税的相关内容，师生互动和生生互动 3. 分小组展示和研讨辩论课前布置的小组合作探究命题，研讨效果计入平时成绩 4. 线下进行个人所得税的实例计算和申报表的填写实验 难点： 1. 通过观看慕课、PPT、雨课堂预习作业的推送等各类教学资源自行学习，把控好学生课前自学的学习进度和效果 2. 精心设计专业与思政的巧妙融合点，参与式课堂思政教学的小组合作探究命题的课前指导、课中师生和生生互动、课后的总结提炼等全过程思政。实现教学质量的把控和效果的提升 3. 思政教育在课前的拓展和课后的延伸

4. 课后巩固

课后提醒学生不能囿于书本之中，应了解社会，了解世界，拓宽视野，增长知识。同时专业课思政教学不局限于课堂，课外更是思政学习教育的广阔天地。通过内化知识→实战演练→能力提升→拓宽视野多管齐下来达到课后巩固提高的学习效果，如表4所示。

表 4　课后巩固提高的学习渠道及效果

学习目的	学习方式	学习效果
内化知识	雨课堂单元测试	对本章知识点的掌握情况查漏补缺和熟练提高
实战训练	上机实验个税的计算和申报	巩固课堂所学知识，综合应用，锻炼执业能力
拓宽视野	系统梳理个税的各个主题的新政策体系	拓宽了学习的广度，潜移默化感受个税与社会各个方面紧密联系的思政元素
能力提升	阅读文献，做个税减税改革相关的文献综述或学术论文	强化学习的深度，学以致用，以用促学，知行并进，鼓励学生打好基本功，培养"经世济民"的责任担当

七、考核与评价方式

1. 以过程为导向的学生全方位考评模式与评价

专业课程，实践行为与期末成绩进行大程度上的整合，调整三者比率，尤其在实践与平时成绩部分增加相应的比重，既避免了形式化又突出了真实性。具体地说，改革教学评价可把学生总成绩划分为如下三大部分：第一，理论考核即期末考查部分，要降低过去所占比例；第二，要扩大实践环节比例，提高到总成绩30%，突出灵活性；第三，对日常成绩进行评定时，还要调整到30%，并具有客观性。评分标准调整、教师纳入多元化内容，思想政治素质得到了更全面地考查和评价。

2. 积极探索专业课教师思政教学绩效考核与评价机制

基于"育己与化人贯通"原则，强化师资的思政素养，做到自信才能达到他信，并提升知识的传播力度与感召力，确保思政教育成效落到实处，专业课思政教学教师至关重要，应积极探索构建专业课教师思政教学绩效考核与评价机制。对专业课教师思政教学建议推行全方位的"四维"评价：学生评价、同行评价、督导团评价以及教学资源规范评价。

八、实施成效

1. 以学生为中心的专业课思政教学提升思政学习效果

本思政案例教学采用师生双向协作备课的方式，发挥教师的主导作用和学生的主体作用，通过多种课堂教学互动活动，引导学生理解和思考个税改革实践现实问题，思政教学效果较好。通过线上线下混合式教学，课前、课中和课后不同阶段设置不同任务来完成整个课程教学内容，在线下课堂中着重进行知识拓展和知识巩固训练，根据不同学生的学习情况设计教学环节和思政融入点，改变传统思政课题以教师理论讲授为主的方式，思政教学请学生"自己教自己"，因材施教。课前拓宽视野和实地调研、课堂内化知识和小组研讨、课后实战训练与能力提升，全方位全过程调动学生自主思政学习，全面提升思政学习效率。

2. 实现专业知识与课程思政同向同行

本案例围绕融入"史学教育、国情教育、时局教育"，充分挖掘和提炼个人所得税课程蕴含的思政元素，将思想政治教育融入课程教学和改革的各环节，使学生做到知史、知今、知危，培养学生思考税收问题的辩证思维能力，正确处理国家与个人、取与予、得与失的能力，以期通过润物无声的方式培养学生的家国情怀、公共精神、公民意识与社会责任感。

3. "学、思、用"贯通全面提升学生能力

坚持"课程、课堂、实践"贯通、"学、思、用"贯通，全方位提升学生的执业能力、自学能力、合作能力和思辨能力等，强调学以致用，做到言行一致，知行合一。既拓展了学生的视野和提升专业执业能力，有助于学生深化知识，同时也能提升学生的职业道德素养，激发学生的爱国热情，提升品德素养。

推荐文献

［1］任征，姜常春，赵伟. 个人所得税在推动高质量发展促进共同富裕中的作用与完善：基于济南市居民收入和个人所得税情况的调查［J］. 税务研究，2023（10）：30-35.

［2］张志勇，靳东升，田志伟. 共同富裕目标下优化个人所得税再分配效应的思考［J］. 国际税收，2023（1）：3-9.

［3］颜宝铜. 共同富裕视角下个人所得税"提低、扩中、调高"的作用路径研究［J］. 国际税收，2022（11）：11-17.

［4］韩秀兰，李俊明，窦姝云. 我国个人所得税对共同富裕影响的量化分析：基于共同富裕指数（SPI）和共同富裕溢价指数（SPPI）的分析［J］. 税务研究，2022（10）：18-23.

［5］马洪范，毛劼. 共同富裕目标下完善个人所得税制度及征管配套措施探析［J］. 经济纵横，2022（4）：30-37.

［6］徐多. 共同富裕视角下的个人所得税改革路径选择：促进经济发展还是缩小收入差距［J］. 河南社会科学，2022（5）：45-55.

［7］侯卓. 组织收入与调节分配二元目标下的《个人所得税法》修改研究［M］. 武汉：武汉大学出版社，2023.

［8］闫海. 个人所得税的良法善治论［M］. 北京：人民出版社，2023.

地方公债管理要稳增长和防风险

主讲教师

　　洪　源，应用经济学博士，湖南大学经济与贸易学院教授，主要研究方向为财税理论与政策、政府债务管理、财政绩效管理、公共预算管理。

一、课程信息

1. 课程名称

公债经济学。

2. 课程类型

基础型课程。

3. 授课对象

财政学本科生，经管类本科生和研究生。

4. 知识点

公债政策、目标、内容与传导机制，地方公债管理政策的考察与比较。

5. 教学课时

2~4 学时。

二、教学目标

1. 知识目标

（1）梳理地方公债管理的目标、内容与作用机理。

（2）熟悉我国地方公债的分类，理解地方公债政策对经济增长的影响原理。

（3）掌握公债负担及其限度理论，熟悉地方公债风险的内涵和评价原理。

2. **技能目标**

（1）提升学生的理解与判断能力。能运用公债可持续性理论来判断我国地方公债面临的风险程度；能运用内生经济增长理论来理解我国地方公债对于经济增长的效应和作用机制。

（2）提升学生的提炼能力与逻辑推导能力。根据已有理论解读相关的政府公债管理和政策文件，提炼文件背后的地方公债管理和政策运用逻辑。

（3）提升学生的案例分析与运用能力。给出具体案例，分析地方公债管理在"稳增长"和"防风险"双重目标中如何实现动态平衡，分析地方公债在"稳增长"中的方向和着力点，分析地方公债在"防风险"中的政策措施和优化路径。

3. **思政目标**

（1）培养学生对我国地方政府管理制度的深刻认同感。促进财政平衡、化解债务风险是财政政策引领国家战略发展的重要方面。通过培养学生的制度理解能力，指导学生加强对我国地方公债管理的相关制度的理解，尤其是对地方公债管理过程中"稳增长"与"防风险"的逻辑关系的理解力。

（2）培养学生学以致用、经世济民的家国情怀。优化中国各类地方债务资源使用、提高公债资金配置效率稳增长是当前稳定中国宏观经济、防范系统性金融风险的重要方面，也是促进中国经济高质量发展的重要方面。通过提升学生的文件解读能力，引导学生依据所学"中国特色的地方公债新理论"解读我国目前与公债管理相关的文件，带动其关心时政、关注改革、学以致用。

（3）引导学生坚定"四个自信"，激发学生的爱国热情。引导学生主动与党中央关于地方公债管理的政策方向保持一致；增强学生对国家政策的信心，帮助其坚定道路自信和制度自信；通过内容讲解与案例分析，引导学生了解我国地方政府管理的成效以及地方政府举债融资对于经济增长的重要作用，激发大家的爱国热情。

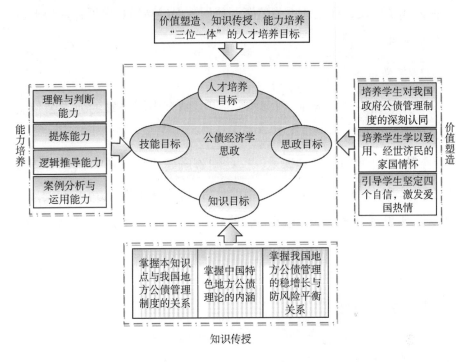

图1　思政有机融合的地方公债管理教学目标体系

三、教学重点与难点

1. 教学重点

（1）地方政府举债融资的理论依据：公共产品理论、财政分权理论，以及该理论依据如何与思政元素结合。

（2）地方公债管理"稳增长"与"防风险"目标的内涵，以及两者如何实现动态平衡。

（3）明确地方公债体系如何进一步建设。在习近平新时代中国特色社会主义思想的引领下，基于中国特色的地方公债理论，建议推进地方债务体系建设，优化地方公债资源使用，促进高质量发展，加快形成新发展格局。

2. 教学难点

（1）如何在"系统平衡财政观"下，结合中国丰富的地方公债实践，构建"中国特色的地方公债新理论"。

（2）设计案例以贯穿课堂，这些案例既要体现专业知识点又要富有思政元素，同时还应该具有丰富的分析点，通过润物无声的方式，达到专业课思政教学"内化于心、外化于行、固化于制"的"三化"要求。

四、案例介绍

1. 案例素材一

防范化解法定债务风险，重点在规范专项债券的发行使用。专项债不能重发行、轻管理，需要从预算约束、严格监管和信息公开等方面，加强"借、用、管、还"全过程的规范管理和风险防范。防范化解地方政府隐性债务风险，要坚决遏制增量、妥善化解存量，要做到"谁家的孩子谁抱"，各自承担责任、风险。

2021年12月中旬，财政部已向各地提前下达了2022年新增专项债务限额1.46万亿元。如此规模可观的专项债将通过尽快形成实物工作量，为稳定宏观经济大盘提供有力支撑。坚持"稳字当头、稳中求进"，地方政府债务管理既要充分发挥稳增长作用，又要高度重视防风险职能。

举债融资是政府履行经济职能，特别是开展基础设施建设的必要手段。从新预算法明确顶层设计，到一系列政策文件出台实施，我国持续加强地方政府债务管理。在地方政府债券发展中，专项债券尤为引人注目。从 2021 年情况看，截至 2021 年 12 月 15 日，新增专项债券已发行 3.42 万亿元，全年发行工作基本完成。数万亿元的债券资金，再加上由此带动的社会投资，有力支持国家重点领域和重点项目，对保持经济平稳运行发挥了重要作用。

中央经济工作会议指出，"坚决遏制新增地方政府隐性债务""要正确认识和把握防范化解重大风险"。在地方政府债务管理中，如何防范化解风险受到高度关注。债务可以说是一把"双刃剑"，善用可以促进经济发展，管理不好则容易演变成"灰犀牛"，产生巨大财政金融风险。尽管目前我国地方政府债务风险总体可控，但一些地方的债务风险较为突出，有的甚至颇为严峻，必须引起高度重视。具体来看，要防范化解法定债务风险和隐性债务风险。

防范化解法定债务风险，重点在规范专项债券的发行使用。按照新预算法，地方政府举债融资必须通过发行债券进行。虽然是在法定限额内，通过法定程序和渠道发行债券，仍要重视风险防范。财力较弱、负债较高的地区，如果债券发行过多，就会面临偿付风险。从国务院督查和各级审计情况看，一些地方存在资金闲置、违规挪用等问题。此外，专项债必须依靠项目自身的收益进行偿债，如果项目选择和运行不规范，也容易产生偿付风险。①

由此可见，专项债不能重发行、轻管理，需要从预算约束、严格监管和信息公开等方面，加强"借、用、管、还"全过程的规范管理和风险防范。比如，健全债务限额确定机制，充分考虑地方政府财力、项目收益，合理确定债务限额。同时，专项债必须纳入预算，接受人大监督，硬化预算约束。"阳光是最好的防腐剂"，在专项债发行使用过程中，要加大信息披露力度，强化市场约束。此外，要注重提升专项债使用绩效，做到"举债必问效、无效必问责"。

防范化解地方政府隐性债务风险，要坚决遏制增量、妥善化解存量。尽管近年来这方面工作取得不小成效，但仍然是打好防范化解重大风险攻坚战的一块"硬骨头"，面临艰巨任务。值得关注的是，国家一再强调"坚持中央不救助原则"，就是为了防止产生道德风险，债务人、债权人不能存在侥幸心理，误判中央会为债务进行兜底。要做到"谁家的孩子谁抱"，各自承担责任、风险，而且对违法违规举债行为要终身问责、倒查责任。

中央经济工作会议强调，积极的财政政策要提升效能，更加注重精准、可持续。在地方政府债务管理中，既要发挥好债券拉动投资、促进经济的作用，又要牢牢守住不发生系统性风险的底线。只有这样，才能实现提升政策效能、更加可持续。

2. 案例素材二

2021年12月16日，《经济参考报》记者从国新办举行的例行政策吹风会上获悉，截至12月15日，新增专项债券发行3.42万亿元，占已下达额度的97%，全年发行工作基本完成。2022年专项债资金重点

---

① 曾金华：《地方债管理要稳增长防风险》，载《经济日报》，2021年12月20日，第5版。

用于交通、能源、农林水利、生态环保等九大方向。

2021 年 12 月 8 日至 10 日召开的中央经济工作会议提出，积极的财政政策要提升效能，更加注重精准、可持续。要保证财政支出强度，加快支出进度。跨周期和逆周期宏观调控政策要有机结合。国务院常务会议也提出，要提前下达 2022 年部分专项债券额度。

财政部副部长许宏才表示，按照中央经济工作会议和国务院常务会议要求，经全国人大常委会授权和国务院同意，2021 年 12 月中旬财政部已向各地提前下达了 2022 年新增专项债务限额 1.46 万亿元。他表示，这次提前下达在额度分配上没有搞"一刀切"，而是充分考虑了各地项目资金的需求和施工条件，项目资金需求多、施工条件好的地方多分，反之则适当少分。

据介绍，为进一步加强指导，推动提前下达额度尽快形成实物工作量，12 月 14 日财政部会同发展改革委专门召开了视频会议，要求地方重点做好以下工作：一是抓紧分配。原则上省级政府年底前要将提前下达的额度全部分配到市县，额度分配要与市县明年一季度可实施项目的情况相匹配，要与审核确认的项目相对应，具备实施条件项目多的地方适当多分。二是适当集中。额度要向中央和省级重点项目多的省市倾斜，坚决不"撒胡椒面"。三是注意防范风险。额度要重点向债务风险较低的地区倾斜。在严格落实风险防范措施的前提下，综合考虑高风险地区的风险情况合理安排额度。要根据风险情况、项目可实施的条件、是否属于重点项目等一系列因素，合理安排额度。四是强化约束。具备条件的地方，及时将提前下达的专项债券收支纳入年初预算，强化预算约束。①

关于 2022 年专项债券支持的重点方向，财政部预算司负责人兼政府债务研究和评估中心主任宋其超介绍，主要体现在三个聚焦：

一要聚焦短板领域。重点支持经济社会效益明显、带动效应强的重大项目。

二要聚焦重点方向。为保持政策的延续性和稳定性，统筹做好今明两年宏观政策的衔接，2022 年专项债券重点用于 9 个大的方向：一是交通基础设施，二是能源，三是农林水利，四是生态环保，五是社会事业，六是城乡冷链等物流基础设施，七是市政和产业园区基础设施，八是国家重大战略项目，九是保障性安居工程。

三要聚焦重点项目。进一步加强对地方的指导，要求地方储备项目应当属于经济社会效益明显、群众期盼、早晚要干的实体政府投资项目。同时，要优先支持纳入国家"十四五"规划纲要的项目，以及纳入国家重大区域发展战略的重点项目，积极发挥专项债券对重大规划和战略的支撑作用。此外，还要加大对水利、城市管网建设等重大项目的支持力度。

3. 案例素材三

为进一步严肃财经纪律，严格地方政府隐性债务（以下简称隐性债务）管理，财政部日前从已实施问责的隐性债务案例中，选取了 8 起典型案例进行曝光，以儆效尤，切实发挥"问责一个、警醒一片、促进一方"的作用。

据了解，党中央、国务院高度重视隐性债务风险防范化解工作，强

---

① 《财政部提前下达 2022 年新增专项债限额 1.46 万亿元》，http：//tj. mof. gov. cn/zt4/jianguanshixiang/202112/t20211220_3776117. htm。

调要常抓不懈、一以贯之；明确要求坚持底线思维，加强风险防控，对新增隐性债务和隐性债务化解不实（以下简称化债不实）等问题要严肃问责。财政部会同有关部门提出了一揽子政策措施，坚决遏制隐性债务增量，稳妥化解隐性债务存量，取得了积极成效。总体来看，近年来隐性债务风险稳步缓释，风险总体可控，但局部地区的风险不容忽视，一些地区新增隐性债务和化债不实等违法违规行为仍时有发生。

公开通报的8起典型案例包括：

一是安徽省安庆市化债不实371.76亿元、新增隐性债务3.5亿元。对时任安庆市委常委、常务副市长张某某批评教育；对时任安庆市财政局党组书记、局长华某某给予政务记大过处分，并调整职务；对时任同安控股有限责任公司党委副书记、常务副总经理沈某给予政务警告处分。

二是河南省信阳市浉河区假借医院采购药品名义新增隐性债务2.5亿元。对时任浉河区委副书记、区长于某某给予诫勉；对时任浉河区财政局局长李某给予党内严重警告处分；对时任浉河区卫生和计划生育委员会党组书记、主任陈某某给予党内严重警告处分；对时任信阳市第三人民医院院长张某某给予党内严重警告处分。

三是贵州省兴义市通过国有企业举债融资新增隐性债务2.99亿元。对时任兴义市市长袁某某给予诫勉；对时任兴义市副市长熊某某给予诫勉；对时任兴义市交通运输局党组书记、局长王某给予政务警告处分。

四是江西省贵溪市通过融资平台公司募集资金用于市政建设支出新增隐性债务1.7亿元。对时任贵溪市委书记梅某批评教育，责令其结合其他有关问题一并作出深刻书面检查；对时任贵溪市市长周某某通报批评，责令作出书面检查；对时任贵溪市财政局局长项某某给予政务警告处分；对时任贵溪市财政局局长兼市城投公司党组书记李某某给予政务警告处分。

五是湖南省宁乡市新增隐性债务 11.24 亿元、化债不实 4.17 亿元。责令时任宁乡市委副书记、市长王某某作出检查；对时任城发集团董事长姚某某给予政务警告处分；对时任国资集团董事长曾某给予政务警告处分；责令时任国资集团所属宁乡市交通建设投资有限公司董事长易某某作出检查。

六是河南省孟州市借政府购买服务名义新增隐性债务 4 亿元。对时任孟州市委常委、副市长卢某某给予党内警告处分；对时任孟州市财政局党组书记、局长王某某给予政务记过处分；对时任孟州市人大常委会党组成员、财经委主任尚某某给予党内警告处分；对时任孟州市水利局党组书记、局长党某某给予政务记过处分；对时任孟州市财政经济技术开发中心主任李某某给予党内严重警告、政务记大过处分；对时任孟州市国投贸易有限公司董事长、总经理闫某某给予撤销党内职务、政务撤职处分。

七是浙江省湖州市湖州经济技术开发区通过占用国有企业资金方式新增隐性债务 15.95 亿元。对时任湖州经济技术开发区党委书记、管理委员会主任施某某给予党内严重警告处分；对时任湖州经济技术开发区党委副书记、管理委员会副主任凌某某给予政务记大过处分，调离工作岗位；对时任湖州经济技术开发区党委委员、管理委员会副主任李某给予政务警告处分；对时任湖州经济技术开发区财政局局长汪某给予政务降级处分、免职处理；对时任湖州经济技术开发区财政局副局长盛某给予政务记过处分。

八是甘肃省兰州市七里河区欠付公益性项目工程款新增隐性债务

1.55 亿元。对时任七里河区委书记魏某某批评教育，责令作出深刻检查；对时任七里河区委副书记、区长、七里河园区管委会主任赵某某给予政务警告处分；对时任七里河区住房和城乡建设局局长陈某某给予政务记大过处分；对时任七里河区财政局局长刘某某给予党内警告、政务记过处分；对时任七里河区财政局副局长宋某某给予党内警告、政务记过处分；对时任七里河区财政局副局长赵某给予党内严重警告、政务记大过处分。①

财政部有关负责人表示，下一步，财政部将切实履行财会监督职责，严格落实政府举债终身问责制和债务问题倒查机制，对新增隐性债务和化债不实等违法违规行为，做到"发现一起，查处一起，问责一起"，持续强化监督，有效防范化解隐性债务风险。

五、教学方法与手段

1. 课前自学引导

学生完成教材自主预习并学习经典经济学理论，教师结合公债风险防范和公债体系建设提出思考性问题和研究性命题，在问题中引入思政元素，引导学生通过教材学习和查阅相关文件，采用小组合作探究法和多维互动教学法开展自主学习和深入思考。

2. 课中拓展提升

问题导向和内容导向相结合，教学内容与隐性债务风险管理、公债体系发展改革热点相结合，通过问题导入→启发思考→共同分析→构建

---

① 李忠峰：《财政部公开通报 8 起隐性债务问责典型案例》，载《中国财经报》2022 年 5 月 19 日，第 1 版。

知识开展合作研讨式教学，采用问题驱动教学法、比较分析法、案例分析法、情境教学法、研讨思辨等教学方法，利用多媒体课件、雨课堂、视频动画演示、研讨辩论等教学手段，实现专业知识与课程思政同向同行，融会贯通。

3. 课后拓展提升

引导学生梳理公债相关理论知识和政策文件，通过主题文献阅读、尝试撰写文献综述或学术论文等方式拓展学习深度。通过内化知识→实战演练→能力提升→拓宽视野等多维度、多管齐下来达到课后巩固提高的专业课思政教学效果。

六、教学实施过程

1. 课程导入

（1）导入。

通过案例二财政部下达 2022 年新增专项债限额案例进行导入。

（2）设问。

专项债和一般债分别是用于哪些方面？

公债的发行在经济发展过程中起到什么作用？

政府发行债务受到限额管理的原因是什么？

（3）引出思考。

我国公债发行对于经济增长的效应和作用机制是怎样的？如何更好地提高公债资金配置效率、化解债务风险？

（4）设计意图。

以政府债务管理政策案例为切入点，引发学生对实际案例分析的兴趣，以设问引出本堂课的内容，并带着问题学习新知识。

2. 课堂内容展开

在专业课授课时自然而然地融入思政元素，有针对性地适时引导和拓展思考，聚焦相关思政元素。

（1）回顾公债领域的经济学理论，分析公债在我国宏观经济发展中的作用。

①用于生产建设。税收等经常性收入也能满足经常性支出，举借的公债主要应用于生产性的建设性支出。

②弥补财政赤字。通过举借公债弥补财政赤字，避免了增加税收、增发通货、向央行透支借款等方式所带来的危害。

③偿还到期债务。在还不具备建立偿债基金的条件下，可以运用发新债还旧债或公共收入盈余来偿还到期债务。

④执行经济政策。政府利用公债来调整政府收支，调节公共消费和投资，以达到不同时期经济政策的目的。

⑤调剂季节性资金余缺。为弥补季节性赤字，保证政府职能正常履行，短期公债可作为一种季节性资金调剂手段。

思政教学点的设计：

在梳理公债的产生、特征和分类的基础上，运用经济学原理分析公债在我国宏观经济发展中的作用，使其深刻感受国家荣誉感与社会责任感，培养学生对我国重视公债管理制度、重视防范债务风险政策的深刻认同感。

（2）简单分析近年来防范政府债务风险取得的成绩。

①广东省成为全国首个隐债清零省份。2022 年 2 月，广东省财政厅公布的《2021 年预算执行情况和 2022 年预算草案》提出，广东省已如期实现存量隐性债务"清零"目标，并建立健全长效监管机制，由此广东省成为国内首个隐债清零省份。

②上海市 2022 年实现隐性债务"清零"。经国务院批准，上海市正式启动"全域无隐性债务"试点工作。

③多省份预决算提出全省、市债务总体可控。根据整理的各个省、市《2021 年预算执行情况和 2022 年预算草案的报告》可知，四川、甘肃、重庆、天津、海南等地均提出债务风险整体可控。重庆市 2021 年预决算报告提出，按照财政部政府债务风险评估办法计算，重庆市政府债务率为 109%，风险总体可控。江苏省 2021 年预决算报告提出，全省 2021 年末地方政府债务余额预计 18963.76 亿元，在核定限额之内，债务率为 66.1%，低于警戒线，风险总体可控。

思政教学点的设计：

2022 年 4 月 19 日，习近平主席总书记在中央全面深化改革委员会第二十五次会议上要求："压实地方各级政府风险防控责任，完善防范化解隐性债务风险长效机制，坚决遏制隐性债务增量，从严查处违法违规举债融资行为，要严肃财经纪律，维护财经秩序，健全财会监督机制。"由此引入国家对各级政府债务风险防控和隐性债务增量问题的高度重视。引导学生了解我国地方政府公债管理的措施和成效，增强学生对我国公债管理制度设计的认同感，帮助其坚定道路自信和制度自信，激发学生的爱国热情。

（3）思考如何进一步优化债务资源的使用，促进高质量发展。

地方政府公债作为积极财政政策的重要手段，已成为弥补薄弱环节、调整结构、稳定投资的重要推动力。在习近平新时代中国特色社会主义思想的引领下，基于中国特色的地方公债理论，建议推进地方公债体系建设，优化地方公债资源使用，促进高质量发展，加快形成新发展格局。具体建议如下：

①综合规划，实现可持续发展。

②优化债务期限结构，科学合理安排额度。

③精细化管控，提高地方公债使用效益。

④强化风险防范，推动高质量发展。

思政教学点的设计：

引导学生依据所学"中国特色的地方公债新理论"，解读相关的政府债务管理和政策文件，提炼文件背后的地方公债管理和政策运用逻辑，引导学生主动与党中央关于地方政府公债管理的政策方向保持一致，带动学生关心时政、关注改革、学以致用。通过内容讲解与案例分析，让学生认识到优化中国各类地方债务资源使用、提高公债资金配置效率稳增长是当前稳定中国宏观经济、防范系统性金融风险的重要方面，也是促进中国经济高质量发展的重要方面。

3. 学习目标、重点及难点

教师讲述宏观经济稳定中的公债政策的目标、内容与传导机制，并对地方公债管理政策进行考察与比较。利用地方公债的具体案例来帮助学生更好地掌握知识教材的知识点，明确本章的学习目标、重点以及难点，如表1所示。

表1　公债经济学思政教学的学习目标、重点及难点

教学内容	学习目标	教学设计
公债经济学	知识目标： 1. 了解地方公债管理的目标、内容与作用机理 2. 熟悉我国地方公债的分类，理解地方公债政策对经济增长的影响原理 3. 掌握公债负担及其限度理论，熟悉地方公债风险的内涵和评价原理 能力目标： 1. 能运用公债经济学相关理论来判断我国地方公债面临的风险程度、理解我国地方公债对于经济增长的效应和作用机制 2. 能根据已有理论解读相关的政府债务管理和政策文件，提炼文件背后的地方公债管理和政策运用逻辑 3. 能在具体案例中分析地方公债管理在"稳增长"和"防风险"双重目标中如何实现动态平衡、分析地方公债在"稳增长"中的方向和着力点、分析地方公债在"防风险"中的政策措施和优化路径 思政目标： 培养学生对我国地方政府管理制度的深刻认同感，培养学生学以致用、经世济民的家国情怀，引导学生坚定"四个自信"，激发学生的爱国热情	重点： 1. PPT讲解公债管理的目标、内容以及作用机制 2. 将思政内容融入地方政府举债融资的理论依据以及地方公债体系建设，开展课堂讨论 3. 分小组展示和讨论具体案例中如何进行公债管理 4. 线下组织同学梳理各个地方防范地方债务风险的具体措施 难点： 1. 通过课前预习教材知识点以及案例内容来自行学习，把控好学生课前自学的学习进度和效果 2. 巧妙设计专业课程与思政教学融合的课堂，课前对教学知识点和案例进行预习、课中课堂讨论以及课后总结等来全过程把控思政教学的效果 3. 思政教育如何更好地融入课堂

4. 课后巩固

引导学生课后进行广泛学习，了解社会，关注时事热点，拓展学习课本以外的知识，多对问题进行思考，培养学生的问题意识。提高思政课堂的教学质量，需要注重在课内和课外同时开展思政教学的内容。通过"课后小结→案例拓展→能力提升"多环节来达到课后巩固知识的效果，如表2所示。

表2　课后巩固提高的学习渠道及效果

学习目的	学习方式	学习效果
课后小结	总结课堂的内容，强调课堂的重点与难点，解答同学们的课堂疑问	加深对学习内容的理解，全面理解与掌握课堂知识
案例拓展	查找资料，总结梳理各个地方平衡公债"稳增长"与"防风险"的具体措施	巩固所学专业知识，了解在实际实施过程中如何实现地方公债"稳增长"与"防风险"的动态平衡
能力提升	阅读文献，了解地方公债管理"稳增长"与"防风险"动态平衡的研究以及构建中国特色地方债体系的研究进展	拓宽知识视野，系统地学习地方公债管理的体系内容，培养学生学习与思考的能力

七、考核与评价方式

依托丰富的线上平台、信息资源和软件工具，基于课程案例思考、文献深度阅读、课后作业完成和小组作业展示等多样化考核方式，全面了解学生对课程的认知水平与运用程度，培养学生实际问题解决和创新思维能力，强化学生在课前、课中和课后知识巩固，推行学生自评和互

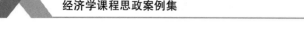

评活动，培养学生对自我学习的认知并促进学生之间的合作学习与交流，实现教书育人和学生个性化发展的结合。

八、实施成效

1. 实现了思政元素与课堂的融合

本案例在教学过程中，充分融合了思政元素。在传授知识的过程中，通过具体的案例来提高学生的课堂参与度，首先是讲述地方公债的知识点，随后通过案例让学生理解地方政府要稳增长防风险的必要性，进一步结合财政部政策文件的案例素材来引导学生思考如何实现地方政府债务"稳增长"与"防风险"的动态平衡，最后用隐性债务违规案例来启示学生地方政府债务管理要规范化、合理化，引导学生思考如何构建具备中国特色的地方债务体系，以此来规范现有的地方政府债务体系。通过具体的案例分析，不断提高学生思辨能力，并且将具体案例与政策相结合，使得思政元素贯穿课堂，提高课堂的效率。

2. 实现了学生对我国地方公债管理体系的深度理解

通过本案例的教学，学生可以更好地理解我国地方公债管理的目标、内容与作用机理，同时引导了学生思考如何实现"稳增长"与"防风险"的动态平衡，以此与国家对地方公债的管理目标保持一致。通过具体的案例进行教学，还能让学生能用实际的案例来理解地方公债管理体系，并进一步理解性掌握本章的知识点，加深了对地方政府要实现稳增长与防风险动态平衡的理解。

3. 实现了全方位提高学生能力

坚持课堂不仅仅是教授学生基本的理论知识，在具体的教学过程中注重与具体的案例分析结合和发挥学生的主观能动性，培养学生的思辨能力、问题意识、团队意识以及自学能力，强调要运用所学习的知识来实践、开拓知识视野，要在课本知识之外学习更多的社会知识。同时运用所学专业知识，尝试思考一些社会问题，在正确的思想引导下，可以用自己的微薄之力来奉献社会，培养学生学以致用、经世济民的家国情怀，引导学生坚定"四个自信"，激发学生的爱国热情。

推荐文献

［1］张雷宝. 公债经济学：修订版［M］. 杭州：浙江大学出版社，2018.

［2］毛捷. 地方公债学：理论与实务［M］. 北京：清华大学出版社，2021.

［3］郑春荣. 公债学教程［M］. 上海：上海财经大学出版社，2020.

个人科技成果转换——股权激励税收优惠谱新篇[*]

主讲教师

　　谭光荣，管理学博士，湖南大学经济与贸易学院教授，主要研究方向为产业税收政策与税收效应、环境保护税与环境治理、税务风险与风险控制、税务管理与纳税服务、国际税收。

　　[*]　本案例是 2019 年湖南省学位与研究生教学改革研究项目"税收筹划教学优秀团队"的阶段性研究成果。

一、课程信息

1. 课程名称

税收筹划。

2. 课程类型

拓展型课程。

3. 授课对象

财政学本科生、税务专硕、财政学学硕、经管类本科生和研究生。

4. 知识点

企业所得税筹划与个人所得税筹划的综合运用。

5. 教学课时

4 学时。

二、教学目标

1. 知识目标

本案例是 H 大学与校办企业深龙（湖南）工程技术研究有限公司（以下简称深龙公司），在科技成果转化、职工薪酬激励等方面的最优筹划方案，以期为以校办企业为典型代表的企业在科技成果转化、职工薪酬激励等方面提供决策参考。

（1）梳理我国个人所得税个人股权激励税收优惠政策，剖析上述政策税务风险控制要点。

（2）理解个人所得税个人股权激励税收原理，熟悉个人股权激励个人所得税基本要素。

（3）掌握股权激励个人所得税税收筹划方法。

2. 技能目标

（1）执业能力。

能进行个人所得税纳税申报、税收筹划和税务风险管理。

（2）自学能力和团队合作能力。

通过课后自主学习，学习小组组织课前答疑、课中案例研讨和课后实践调研，培养学生自主探究知识的能力，增强学生团队意识和合作精神。

（3）思辨能力。

紧扣当前个税改革，引导学生积极参与课堂教学互动，并能够独立思考，提出自己的观点，培养学生对实际问题的分析判断能力和辩证思维能力。

3. 思政目标

（1）引领"四个自信"教育，培养学生的家国情怀。

在融入"史学教育、国情教育、时局教育"的基础上，客观分析我国个税改革的时代背景、发展脉络、历史进步及存在的问题，个税国际化改革进程和对社会公平、民生等的影响，理性阐释中国特色社会主义个人所得税理论与制度，增强学生对我国个税制度设计的认同感，启发学生对中国税收治理之道的思考，引领学生对当今中国治国理政的深刻理解，培养学生的家国情怀。

（2）加强诚信与法治教育，树立公民意识、责任意识。

以社会上出现的明星偷税漏税事件为例，让学生了解不按规定缴纳税款的后果。以此为契机，引导学生形成健康的世界观、价值观、人生观、法治观和道德观。

（3）增强幸福指数，培养公共精神和为科学创新奉献的精神。

以实际调查案例让学生深刻感受个税对科技成果转换的减税红利，理解体会国家为满足人民对美好生活的追求所付出的努力。有意识地将税收缴纳与日益增长的公共服务结合起来开展教学，让学生明白取与予、得与失的辩证关系。

三、教学重点与难点

1. 教学重点

（1）清晰梳理个人股权激励具体知识点及税务风险控制要素，以及适宜采取的教学方式方法。

（2）明确知识点及技能在知识传授过程可以达到的能力培养目标，以及如何达到这些能力培养目标。

（3）明确在知识传授和能力培养过程中蕴含的思政元素。

2. 教学难点

案例分析关键：

（1）系统查询和找准案例中税收筹划的法律依据——与科技成果直接转让与投资入股、职工薪酬激励与股权激励有关的最新税收政策。

（2）技术成果转化的案例策划中，结合现实情况区分技术成果归高校所有和归个人所有的不同情形，在直接转让和投资入股两种情形下综合考虑校办企业主体、高校教师主体和高校主体三方税负情况，寻找多方共赢的最佳综合筹划方案。

（3）职工薪酬激励和股权激励等各种方案的综合税负测算。

关键知识点、能力点：

（1）系统掌握税收筹划的策略与技术，精通科技成果直接转让或投资入股及工资薪金、年终奖、股权激励等具体税收政策，能进行各种方案综合税负的精细测算与优缺点比较。

（2）技术成果转化过程中投资方和被投资方相关财务会计处理。

（3）通过科技成果转化个人所得税优惠政策历史回顾，展露我国尊重知识、尊重人才的家国情怀，激励同学们发奋学习，做科技创新的引领者和建设者。

四、案例介绍

1. 深龙公司简介

深龙公司是以 H 大学为技术依托，专业化从事高档数控磨削装备和轨道交通专用装备的高新技术企业，是国家高效磨削技术工程研究中心的产业化基地，是工信部"高效磨削技术创新平台"和长沙市"磨削技术及精密检测公共服务平台"的建设单位。

公司申请与授权各种专利 18 项。公司经营范围：研究、开发机电一体化技术，研究、开发、设计、生产、销售机电一体化产品并提供技术转让和咨询服务，研究、开发、销售相关电子信息软件。该公司为有限责任公司（一般纳税人），成立于 2000 年 12 月 22 日，公司注册资本为 4000 万元人民币，其中，国有法人资本 3600 万元人民币，自然人资本 400 万元人民币。深龙公司有四个企业法人股东和一位自然人股东，股东及出资信息如表 1 所示。

表 1　H 大学深龙工程技术研究有限公司股东出资信息表①

股东	认缴出资额/万元	认缴出资时间	认缴出资方式	实缴出资额/万元	实缴出资时间	实缴出资方式
H 大学资产经营有限公司	3480	2000 年 12 月 22 日	货币、实物、知识产权	3480	2000 年 12 月 22 日	货币、实物、知识产权
ZZ 磨料磨具磨削研究所	30	2000 年 12 月 22 日	货币	30	2000 年 12 月 22 日	货币
CD 工具研究所有限公司	30	2000 年 12 月 22 日	货币	30	2000 年 12 月 22 日	货币
BJ 第二机床厂有限公司	60	2000 年 12 月 22 日	货币	60	2000 年 12 月 22 日	货币
宓××	400	2000 年 12 月 22 日	知识产权	400	2000 年 12 月 22 日	知识产权

2. 深龙公司个人技术转化主要涉税问题

高校校办企业由于本身存在的特殊性，深龙公司有很多制度规定不一样的地方，比如对于高新技术企业的认定存在地方性差异，自然对高新技术企业的优惠力度和措施也就有所不同。企业中常见的个人科技成果转化涉税问题主要包括以下三方面：

---

① 表格信息来自企业信用信息查询平台。

（1）个人技术转化中没有充分利用优惠政策。作为个人科技成果转化的核心，企业技术人员有不少是退休返聘人员，这些人员作为高校退休教师本身享受很多优惠政策，可以筹划的空间相对较大。

（2）薪酬结构较单一。深龙公司员工收入主要是工资，这就使得在原来的激励模式下，一味地提高员工工资，有时候不仅不能改善员工福利，反而使得员工应纳税额增加。工资薪酬激励政策并没有产生应有的效果。这可能导致大量技术人员的流失。

（3）整体薪酬结构不甚合理。从整个企业员工比例、薪酬结构来看，公司内部工资分布是不平衡的。部分高管工资过高，普通员工工资比较低，技术人员也没有受到合理的待遇，这样既在总体上增加公司税务压力，又打击了员工积极性。还可以做进一步调整，使得税负大致相同的情况下，员工的薪酬待遇更合理。

3. H 大学在深龙公司科技成果转化中涉税困境

第一，科技成果投资入股分析本身。

（1）赵教授是 H 大学机械与运载工程学院教授，博士生导师，通过学校平台，指导师生开展了"凸轮高速磨削"等多项前沿课题研究，并积极与深龙公司进行联系，促成了深龙公司与 H 大学就"凸轮高速磨削"等多个项目进行合作研究。在此过程中，赵教授利用学校科研实验室带领课题组成员以及自己的学生进行积极研究，攻坚克难，最终研究出"凸轮高速磨削"（简称深龙专利）。深龙专利所有权属于学校，并由学校向专利局申请了专利保护，包括赵教授在内的研究团队有 8 人，赵教授在研究中发挥了主要作用。现 H 大学、赵教授与深龙公司协商，将深龙专利技术以直接转让或者作价入股等方式投入深龙公司。如直接转让，则深龙公司出价 500 万元购买深龙专利技术；如投资入股则深龙公司，则可以让 H 大学持有相同价款的股权。已知赵教授每月工资 18000 元，年终奖 12 万元，为简化计算，工资为缴纳了五险一金后的金额。

（2）赵教授通过多年研究发明了一种"螺旋油楔轴承的单一目标优化设计方法"（简称 b 专利），并向专利局申请了专利保护，专利技术属于个人所有。赵教授的研究领域一直是深龙公司业务领域，在赵教授完成研究取得 b 专利后，深龙公司第一时间与赵教授取得联系，希望可以将 b 专利技术尽快投产。现在赵教授与深龙公司协商，将 b 专利技术以直接转让或者作价入股等方式投入深龙公司。如直接转让，则深龙公司出价 500 万元购买该项专利技术；如投资入股，则深龙公司可以让赵教授持有相同价款的股权。

深龙专利技术转化时，涉及 H 大学、赵教授和深龙公司三方。请分别考虑直接转让和投资入股两种方式对交易各方的税负影响，并给出具体操作建议。b 专利技术转化时，涉及赵教授、深龙公司两方。请分别考虑直接转让和投资入股两种交易方式给交易双方带来的税负影响，并给出具体操作建议。

第二，职工薪酬激励分析本身。

王某为深龙公司核心技术人员，每年从深龙公司获得税前总收入约 24 万元。最令王某感到头疼的是公司的薪酬激励计划方案表面看来非常具有可行性，但在自己缴纳个人所得税之后，实际到手工资并未增长很多。对公司而言，在我国现行的税法累进税率制度下，收入越高缴纳的税费越多，故在采用这种最为常见的薪酬激励方式下，公司缺少对个人所得税节税技巧，仅仅依靠提高工资等方式，使激励效果并不显著。基于此，深龙公司董事会决定采取更为有效的薪酬激励方式，以期实现税后收入的最大化。

深龙公司共有员工 100 人，员工专业构成如表 2 所示。深龙公司薪酬激励方案主要受益对象分三种，一是公司中层及高级管理层，二是研发技术人员，三是在公司工作年限达到 5 年的普通员工。对工作达到一定时间的普通员工，公司采用的激励方式是上调基本工资，每月多发放 500 元；研发技术人员采用基本工资与季度奖金相结合方式，每个季度末多发放 5000 元；高管与公司经营业绩相挂钩，增加分享比例。

表 2　深龙公司人员专业构成

员工专业构成	人数	占员工总数比例/%
管理人员	15	15.00
销售人员	10	10.00
技术研发人员	20	20.00
生产人员	50	50.00
财务人员	5	5.00
合计	100	100

就深龙公司普通员工而言，月工资为 7500 ~ 8000 元，工资上涨前适用七级超额累进税率中的第二档 10% 的税率，但是上涨 500 元后，大多数将适用 20% 的税率。研发技术人员季度奖需要与当月工资薪金合并纳税，将会使当月工资薪金应纳税额大幅上升，季度奖中很大比例会用于缴纳个人所得税。公司中层和高级管理层的激励方案，一般是以年终奖方式发放，但如果年终奖设计不够合理，往往多出的年终奖部分就需要用来缴税，对管理层激励作用将非常有限。

第三，薪酬激励的涉税事项。

员工薪酬纳税情况主要分为以下几部分，具体如表 3 所示。适用税率一般是 3% ~ 45%。

表 3　企业员工薪酬纳税情况

项目	纳税方式
基本工资薪金	按月纳税，适用七级超额累进税率
年终奖	全年一次性奖金纳税办法（仅一次）
其他奖金	和当月工资薪金合并纳税
非上市公司股票期权形式	全年一次性奖金纳税办法 符合条件可递延至转让时按"财产转让所得"征税
认股权证（股票认购权）	在不超过 6 个月的期限内平均分月计入工资薪金
股票期权	按境内工作月份（不超过 12 个月）平均分月以工资薪金计算方法纳税
福利	符合条件不纳税，不符合条件的与工资薪金合并纳税

深龙公司董事会拟对年度表现优秀的管理人员和技术研发人员给予奖励，其中以王某为例，每年税前收入为 240000 元，假设不考虑公司为员工缴纳的五险一金，现有方案如下。

方案一：以工资形式。将 240000 元全部作为王某工资发放，则月平均工资为 20000 元。

方案二：以年终奖的形式。在不考虑基本工资前提下，将 240000 元全部以年终奖形式在年末一次性发放。

方案三：以股票分红形式。每月发放基本工资 5000 元，王某拥有公司 20 万股股票，享有税后利润的分配权，公司每年分配的股息相对固定，为 0.9 元/股。

方案四：实施股权激励计划。每月发放基本工资 5000 元，年初以协议价 0.4 元/股授予王某 5 万股的股票期权，年底王某行权时市价为 4

元/股，三年后预计该股票市价为 10 元/股，此时王某将出售该股票。

方案五：工资与年终奖相结合的方式。当年终奖和工资分配比例不一样时，缴纳的个人所得税会产生较大差异。

赵教授作为公司董事，参与讨论职工薪酬激励方案，现董事会关注的焦点问题主要有：薪酬激励的方式有哪些？各种类型薪酬如何纳税？各种类型薪酬给员工带来怎样的税收负担？如何充分把工资、年终奖有机结合起来以降低员工税负，从而达到较好的激励效果？请以上述王某为例，进行税收筹划方案设计。

第四，其他涉税事项分析。

（1）上述案例的赵教授属于未退休人员，但与深龙公司进行合作的技术人员不少属于退休返聘人员。对于这部分人群，适用怎样的个人所得税政策？该如何进行科技成果转化收益筹划？

（2）深龙公司于 2015 年委托 H 大学机械与运载工程学院研发中心研发一项新技术，研究开发活动成果由委托方深龙公司拥有，且与深龙公司主要经营业务紧密相关。受托方应向委托方深龙公司提供研发项目费用支出明细情况，该研发费用实际发生额为 1000 万元。对于这笔研发支出，深龙公司该怎样入账及进行税前扣除？

五、教学方法与手段

1. 教学方法

综合运用启发式、案例式、讨论式等教学方法，针对课程章节内容，进行启发式提问，鼓励学生从税收政策视角切入，积极思考社会现象。同时，围绕课程知识点，给出典型案例，要求学生就案例主题进行小组讨论和交流，运用本节知识点分析所给材料，结合思政主题发表观点，提升学术素养，陶冶道德情操。

2. **教学手段**

积极使用多媒体与板书结合的教学手段，通过演示 PPT、播放思政案例视频资料、发送雨课堂习题等方式讲解课程知识点和思政案例。活跃课堂气氛的同时，增强学生对税务筹划的注意力，引发学生对科技成果转化的股权激励税收优惠及个人所得税制度改革的思考。

六、教学实施过程

1. **课前自学引导**

（1）系统预习教材。提前 2 周布置预习工作，预习教材"第四章企业所得税筹划、第五章个人所得税"全部内容，要求学生对照预习学习清单，检查自己预习学习效果。

（2）通过观看慕课、PPT 等各类教学资源进行自学。

渠道一：学生可通过湖南大学课程中心网站，下载本章最新教学PPT 及相关练习作业，练习作业通常设置为一些回顾性问题，帮助学生理解知识点。预习作业通过雨课堂在线发布，并设置具体完成时间，确保学生预习进度不滞后。

渠道二：学生可选择慕课，"慕课+教材"自主学习，通过慕课教学视频学习，完成线上单元测试，进一步增强自学预习效果。

（3）小组合作探究（表 4）。结合个税改革实践，融入思政元素，布置思考性研究命题。将全班同学分成 5 个小组，每组 6 人左右，每个组选取一个研究性命题，小组集体合作，对每一个研究性命题形成分析报告（字数、体例等不限），制作 PPT，准备在课堂上进行汇报展示。
鼓励小组同学在分析完本组命题之后，其对其他小组的命题拓展分析。

表 4　小组合作探究命题设计与要求

组别	探究命题	分析要求
小组一	个人所得税制度变迁	客观分析我国个税改革时代背景、发展脉络、历史进步及存在问题和原因等
小组二	个人所得税的股权激励的政策历史回顾及筹划方法	梳理 2019 年前后个人所得税股权激励（上市公司、非上市公司）的税收政策，总结分析筹划方法及风险控制要点
小组三	个人所得税工薪所得的税收政策及税收筹划	梳理 2019 年前后个人所得税工薪所得税收政策，总结分析筹划方法及风险控制要点
小组四	个人所得税其他所得的税收政策及筹划方法	梳理 2019 年前后个人所得税除小组二、三研究内容以外的税收政策，总结分析筹划方法及风险控制要点
小组五	个税偷逃税及其处罚	系统梳理综合所得预扣预缴与汇算清缴政策，综合所得和生产经营所得纳税区别，剖析明星偷逃税常用手段及其处罚情况，归纳目前个税的制度缺陷、避税及反避税措施

（4）问卷调查预习情况。通过问卷调研，一是督促和把控学生自
学进度；二是检查学生自主性预习效果；三是掌握学生对知识点接受程
度，根据预习情况灵活调整知识点授课课时、授课重难点及授课方法
等，以期达到最佳学习效果。

2. **课中组织教学**

基于 BOPPPS 模型进行有效课堂教学设计，打造"3P"模式课堂。

（1）课程导入。全面展示和介绍个税 APP 运转原理及强大功能。采
用情境教学法，全面展示和介绍个税 APP 设计原理及强大功能，激活学
生对教材和慕课视频所学知识点记忆，激发学生学以致用的学习兴趣。

同时，提出诚信纳税，聚财为国，从我做起的基本理念。

（2）学习目标、重点及难点。教师串讲知识点，利用思维导图帮助学生回顾和梳理教材自学和慕课所学知识点，明确本章具体到每一节的学习目标、重点及难点，如表5所示。

表5　个人所得税思政教学的学习目标、重点及难点

教学内容	学习目标	教学设计
个人所得税	知识目标： 1. 个人所得税个人股权激励的税收优惠政策，剖析上述政策税务风险控制要点 2. 个人所得税个人股权激励的税收原理，熟悉个人掌握个人股权激励个人所得税的基本要素 3. 掌握股权激励个人所得税和企业所得税税收筹划方法 能力目标： 1. 掌握个人所得税的税收政策 2. 掌握个人科技成果转换的税收筹划 3. 自学能力、团队合作和思辨能力等的系统培养 思政目标： 1. 了解个税改革税收制度变迁、税收优惠对社会公平、民生的影响 2. 诚信纳税，聚财为国，从我做起 3. 科学技术是第一生产力，在税收公平前提下，对科技成果的转化是税收激励的方向	重点： 1. 通过PPT讲解个人所得税的基本要点和个人股权激励的税收优惠及筹划方法 2. 将科技激励思政要素融入个人所得税的相关内容，师生互动和生生互动 3. 分小组展示和研讨辩论讨论课前布置的小组合作探究命题，研讨效果计入平时成绩 难点： 1. 通过观看慕课、PPT、雨课堂预习作业的推送等各类教学资源自行学习，把控好学生课前自学的学习进度和效果 2. 精心设计专业与思政的巧妙融合点，参与式课堂思政教学的小组合作探究命题的课前指导、课中师生和生生互动、课后的总结提炼等全过程，把控思政教学的质量，促进教学效果的增强 3. 思政教育在课前的拓展和课后的延伸

（3）前测知识点掌握情况。通过雨课堂推送 2~3 个课前小测验题目及提出 1~2 个与本节内容息息相关的开放式问题，检测学生对教材自学和慕课视频所学知识点掌握情况。通过让学生查看自己答题情况，对即将开始的教学进行"暖场"，进一步激发学生求知欲望。通过弹幕和 QQ 课堂群学生的留言及课堂典型发言，可基本了解学生对开放式问题的认知和理解程度，为后续有针对性的授课奠定基础。

（4）参与式课堂教学。在专业课授课时自然而然地融入思政元素，采取翻转课堂，改变以往思政课教师主讲的模式，采取小组研讨，请学生汇报各小组研讨结论，教师有针对性地适时引导和拓展讨论主题的深度和广度，聚焦相关思政元素，具体的参与式课堂思政考学的部署安排如表 6 所示。

表 6 参与式课堂思政教学的具体部署安排

具体命题	分析要求	对应知识点	思政元素
个人所得税制度变迁	系统研究我国个税发展现状，客观分析我国个税改革时代背景、发展脉络、历史进步及存在的问题，理性阐释中国特色社会主义个人所得税理论与制度，使学生扎实掌握个人所得税基本概念、基本理论和基本发展脉络	第五章 个人所得税 第一节 个人所得税概述	国情教育和"四个自信"教育。让学生切身感受个税改革如沐春风、彰显公平正义，体现新时代税收改革的优越性，增进民众的幸福感、归属感
个人所得税的股权激励的政策历史回顾及筹划方法	分析上市公司及非上市公司的股票期权、限制性股票、股权奖励税收政策。重点分析税收优惠的对象及政策变化	第五章 个人所得税 第一节 个人所得税概述 第二节 个人所得税筹划原理	为了加速经济改革的步伐，我国对企业重组过程中涉及的企业所得税、个人所得税都能享受税收优惠

续表

具体命题	分析要求	对应知识点	思政元素
个人所得税工薪所得的税收政策及税收筹划	分析个人所得税工资薪金所得代扣代缴制度。重点分析工薪税收优惠的纳税风险点及政策变化	第五章　个人所得税第三节　工资薪金的个人所得税筹划	工资的七级超额累进税率，充分体现了个税调节社会公平的作用，能够有效缩小社会的贫富差距，减少社会分配的不公平，缓和社会矛盾，凸显公平公正
个人所得税其他所得的税收政策及筹划方法	分析个人所得税除工资薪金所得及股权所得的其他税收政策。重点分析这些优惠政策的纳税风险点及政策变化	第五章　个人所得税除第四、五、六、七节	个人所得税对财富分配不仅只体现工资薪金及股权激励，对其他所得也要公平对待。当然，我们也可合法筹划
个税偷逃税及其处罚：明星主播偷逃税案梳理	以社会上出现的明星偷税漏税事件为例，让学生了解不按规定缴纳税款的后果，如巨额罚款、刑事处罚等	扩展的知识点	诚信教育和法治教育。诚信纳税，聚财为国，从我做起。警醒学生偷逃税的严重后果，以此为契机，引导学生形成健康的世界观、价值观、人生观、法治观和道德观，践行社会主义核心价值观于日常生活中，做到依法诚信纳税

（5）后测巩固知识。每节课针对本堂课所学知识点、能力培养需求及思政融入点，有针对性地设计 2~3 个雨课堂练习题，把每节课重难点知识进行及时训练，通过查看学生的答题情况和正确率，及时了解学生们对本节课所学知识点掌握情况，请教师或答对的学生来讲解易错点和重难点等知识点，加深学生对知识点的理解。

对标教学目的和学习目的，及时对每一堂课和整章学习结束之后的教学效果进行总结归纳。尤其是对专业教学与思政教学的融会贯通总结积累经验，不断增强专业课思政教学效果。

3. 课后巩固

课后提醒学生不能囿于书本之中，应了解社会，了解世界，拓宽视野，增长知识。同时专业课思政教学不局限于课堂，课外和课后更是思政学习教育的广阔天地。通过内化知识→实战演练→能力提升→拓宽视野多管齐下来达到课后巩固提高的学习效果，如表 7 所示。

表 7　课后巩固提高的学习渠道及效果

学习目的	学习方式	学习效果
内化知识	雨课堂单元测试	对本章知识点掌握情况查漏补缺和熟练提高
实战训练	上机实验个税计算和申报	巩固课堂所学知识，综合应用，锻炼执业能力
拓宽视野	系统梳理个税各个主题的新政策体系	拓宽了学习的广度，感受个税与社会各个方面紧密联系的思政元素
能力提升	阅读文献，撰写某一专题的文献综述或学术论文	强化学习深度，学以致用，以用促学，知行并进，鼓励学生打好基本功，培养"经世济民"的责任担当

七、考核与评价方式

遵循将显性教育与隐性教育相结合课程思政理念，以"知识传授与价值引领相结合"为课程目标，根据税收学专业课程特性与教学内容，围绕"内化于心、外化于行、固化于制"的"三化"要求，明确税收学专业课程思政教学目标，从教师和学生两个方面建立评价标准，并围绕教学活动的开展建立一整套保障制度，形成长期稳固的长效考评机制。

思政课的学习不是以结果为导向，而是以过程为导向，有必要将过程考核设置为考核指标内容，这样可以驱动学生对学习过程的重视。因此，尽可能打造多元化考核机制和路径，除采取闭卷的考核方式外，也应采取在线答辩，提交论文、实践心得等形式，促进思政课考核，这样可从源头上提升学生对思政课的重视，使其通过多元化的渠道和路径参与到思政课的学习和实践中，从而全面提升自己的品德素养。

八、实施成效

1. 线上线下混合式教学模式提升教学效率

本思政案例教学采用师生双向协作备课，发挥教师主导作用和学生主体作用，通过多种课堂教学互动活动，引导学生理解和思考个税改革实践现实问题，效果较好。通过线上线下混合式教学，课前、课中、课后不同阶段设置不同任务来完成整个课程教学内容，在线下课堂中只讲解教学重点、难点知识，着重进行知识拓展和知识巩固训练，应根据不同学生的学习情况设计教学环节，因材施教，调动学生的学习主动性，提高学习效率。

2. 实现专业知识与课程思政同向同行

本案例围绕融入"史学教育、国情教育、时局教育"，充分挖掘和提炼个人所得税课程蕴含的思政元素，将思想政治教育融入课程教学和改革的各环节，使学生做到知史、知今、知危，培养学生思考税收问题的辩证思维能力、正确处理国家与个人、取与予、得与失的能力，以期通过润物无声的方式培养学生的家国情怀、公共精神、公民意识与社会责任感。

3. "学、思、用"贯通全面提升学生能力

坚持课程、课堂、实践贯通,"学、思、用"贯通,全方位提升学生执业能力、自学能力、合作能力和思辨能力等,强调学以致用,做到言行一致,知行合一。既开阔了学生的视野,有助学生深化知识,同时也能提升学生的职业道德素养,激发学生的爱国热情,提升学生的品德素养。

推荐文献

[1] 财政部 国家税务总局关于个人股票期权所得征收个人所得税问题的通知,财税〔2005〕35 号.

[2] 财政部 国家税务总局关于完善股权激励和技术入股有关所得税政策的通知,财税〔2016〕101 号.

第四编

数字经济专业
课程思政案例

"区块链+碳交易"助力绿色发展

主讲教师

李　巍，经济学博士，湖南大学经济与贸易学院教授，主要研究方向为物流与供应链、高新技术产业发展战略、数字经济。

一、课程信息

1. 课程名称

数字经济学。

2. 课程类型

拓展型课程。

3. 授课对象

数字经济学专业本科生。

4. 知识点

"区块链+碳交易"的定义及理解，区块链技术在现实问题中的运用。

5. 教学课时

2学时。

二、教学目标

1. 知识目标

引导学生理解"区块链+碳交易"的定义及分类，学习碳交易市场效率的测度。

2. 技能目标

培养学生的数字化思维模式，引导学生熟练掌握区块链技术在中国现实问题中的运用。

3. 思政目标

以习近平新时代中国特色社会主义思想为指导，通过国内区块链技术的发展及案例分析，坚持知识教授与大学生的政治引领和价值引领的融合，引导学生自觉践行社会主义核心价值观，尊重和维护宪法法律权威，识大局、尊法治、修美德，在学习与实践中自觉践行使命担当。

三、教学重点与难点

1. 教学重点

引导学生掌握碳排放权交易的含义与实践，能够设计碳交易市场的运行机制。此外，引导学生学习绿色经济中所传达的思政元素，为实现双碳目标提供有力支撑。

2. 教学难点

首先，引导学生正确认识现实案例中区块链与碳交易的深度融合；其次，引导学生掌握如何在现行政策下最大限度发挥区块链的作用，发展我国绿色经济。

四、案例介绍

世界气象组织于 2023 年 12 月 5 日发布《十年期气候状况报告》，报告中显示，2011—2020 年是有记录以来最温暖的十年。温室气体浓度的持续上升助长了创纪录的陆地和海洋温度，并急剧加速了冰雪融化和海平面上升。在环境问题日益影响人类生存的关键时刻，实现碳中和是减缓全球气候变暖的必经阶段。中国宣布力争于 2030 年前实现二氧化碳排放达到峰值，努力争取 2060 年前实现碳中和。① 2021 年 1 月，国家发展改革委、科技部、工业和信息化部、国务院国资委、北京市政府等联合指导，国家电网、中国建设银行等 27 家成员单位在北京共同发起成立了长安链生态联盟，将区块链重点应用于碳交易生态网络等重点应用场景，可以说区块链技术在助力未来实现碳中和目标上有着极大应用价值。②

碳排放权交易，目前被认为是用市场机制应对气候变化的有效工具，通过主要温室气体二氧化碳的排放配额，政府部门可以对碳排放配额进行总量控制，使纳入市场的控排企业受到碳排放限额的限制，再通过引入交易机制，使资源达到分配最优。③ 碳交易市场正在逐步走上正轨，步入具体实施阶段。但在实践中，全国碳市场推进不尽如人意，已经开展的试点碳市场存在规则不统一、政府干预多、市场机制形成难、企业信息不透明、市场参与者单一等问题。尤其在微观操作层面，如测算行业排放基准值、收集核查企业的历史排放数据、碳交易市场交易系统运行等，需要解决的问题更多。

区块链记录了交易数据的区块以时间顺序相连组合而成的链式结构，其本质上是一个去中心化的分布式数据库，借助于非对称加密、默克尔树等技术保证信息不会被外部攻击而篡改，从而保障数据的安全。④ 借助区块链分布式记账、非对称交易、共识机制、智能合约等技

---

① 沈辉、李杰：《"双碳"目标下综合能源服务发展新路径及情景模拟：以雄安新区为例》，载《改革》2022 年第 7 期。

② 曾哲君等：《区块链技术在委托代征获票场景的应用》，载《广东通信技术》2023 年第 9 期。

③ 姚玥：《实现我国"碳达峰、碳中和"目标财税激励政策路径探析》，载《国际商务财会》2021 年第 16 期。

④ 袁莉莉、李东格：《基于区块链技术的碳排放机制设计》，载《网络空间安全》2020 年第 11 期。

术特性，可以将碳排放权认证、额度计量、预警、处罚等环节融为一个有机的整体，让交易和流程更透明，助力碳交易市场更好的发展。[1] 一是实现智能交易，建立可信环境。二是实现模式革命，不断提质增效。三是实现瓶颈突破，助力行业创新。四是实现精准监管，推动市场良性发展。在这个过程中，可以用区块链叠加大数据、物联网等其他技术，对监管数据进行汇总分析，第一时间发现企业违法排污行为并触发预警机制，并及时通知相关责任人，实现最佳的碳排放监管效果，防止企业作弊。

上海卓鹏信息科技有限公司（以下简称卓鹏科技）自成立以来，以先进的区块链创新应用与理念，致力成为全球领先的区块链和智能信用企业，区块链技术在"双碳战略"中有着广阔的应用空间，卓鹏科技将紧跟国家战略，加快区块链技术在双碳目标相关领域的应用开发与落地。当前中国为落实"双碳战略"，已有众多切实行动。2021年7月16日，全国碳排放权交易在上海环境能源交易所正式上线，这是我国以市场机制控制和减少能耗，进而控制温室气体排放，实现碳中和目标的重要举措。作为利用市场化交易机制重新分配碳配额资源，从而实现减碳的重要途径，碳交易需要大量详细而真实的碳排放数据支撑。区块链因其独特的优势，在碳排放数据可靠性证明、留存、共享方面有着不可替代的优势，必将成为企业参与碳排放交易，国家进行碳中和工业生产管理的有力工具。区块链技术的本质是以数学算法建立共同信任，基于区块链能够实现碳信息的数字化、精确化、可塑化，为碳交易奠定坚实的基础，并解决当前碳市场信息不透明、交易

---

[1] 王蓓蓓等：《基于区块链的分布式能源交易关键技术》，载《电力系统自动化》2019年第14期。

效率低、市场参与度低等问题。这也是卓鹏科技未来区块链应用发展规划中的重要方向。

园区作为区域经济发展、产业转型升级的重要空间聚集形式，在"双碳战略"中无疑是首要的市场参与主体。卓鹏科技以助力智慧园区和数字城市建设为切入点，以区块链存储、隐私计算、区块链金融等技术及应用助推园区数字化转型升级。卓鹏科技以"长安链"作为底层架构，搭建了基于信用的"跨迪链"，旨在使银行、保险、金融机构等同业和异业公司组成数据联盟，链接政府、园区、企业等机构，实现用户数据加密上链，智能合约匹配授权操作，以科技推助数字改革。"跨迪链"能够助力园区在碳交易参与主体和政府部门之间建立一个联盟链的分布式数据系统，将园区内的企业或个人纳入碳交易的体系。园区企业将自身碳排放配额等绿色信息上链，节点上的用户就可以同步知道企业的碳信息。政府部门在其中起监督的作用，确保进入链中的企业符合标准及进入链之前的数据真实可靠，从而使企业间碳信息互联互通并保证链上的信息真实有效。此外，"跨迪链"不可篡改、可追溯、智能合约等技术特点还能够保证信息透明度和提升交易效率，促进园区企业或个人作为市场主体的参与度，从而为上海乃至全国的双碳目标贡献区块链力量。

双碳问题是中国未来 40 年经济社会发展的新的驱动力。具有数据可追溯、构建多方信任、分布式网络、智能合约等诸多特性的区块链则是帮助企业实现碳中和的关键技术之一。卓鹏科技作为先进的区块链应用企业，将继续在技术和应用两个方面不断拓宽区块链边界，加快场景探索和技术创新的步伐，以区块链技术助力双碳目标，并努力将区块链的创新成果深度融合于经济社会各领域，促进数字经济模式创新，构建新型数字规则体系，提升实体经济的创新力和生产力，为客户、社会创造更高价值。

五、教学方法与手段

1. 教学方法

打破传统教学模式，以学生为主体，借助于问题和案例进行开放式授课，围绕目前现实情况与学生共同展开思考，增强学生的探究能力。讲授经典案例中的思政元素，促使学生理解与认识时代赋予的责任担当。

2. 教学手段

采用现代化教学手段，利用多媒体教学等技术帮助学生掌握课程内容和思政案例。增加线上互动环节，提高学生的课程积极性和参与度。

六、教学实施过程

1. 课程设计和规划

课前，通过雨课堂等平台发布区块链的技术特性以及和碳交易结合产生的效应等课前预习任务，关注学生的知识掌握程度。课中，重点突出师生互动，体现教学过程中的过程性评价和综合性评价内容。课后，巩固数字经济相关知识，引导学生进行拓展学习。

（1）区块链的技术特性。

被喻为"信任机器"的区块链技术，作为一个分布式的共享账本和数据库，具有去中心化、不可篡改、全程留痕、可以追溯、集体维护、公开透明等特点。[①] 这些特点保证了区块链的"诚实"与"透明"。区块链能够解决信息不对称问题，实现多个主体之间的协作信任与一致行动。[②] 作为一种可实现点对点交易的信息化科技手段，区块链在技术上保障了每一次消纳行为的有据可查和真实可信；同时智能合约对交易行为多节点记录和见证，为消纳凭证交易提供了明朗有序的市场环境。

（2）区块链和碳交易结合产生的效应。

①区块链为碳交易营造更安全、更高效、更经济的市场环境。[③]

开展高效、经济的碳交易活动将有力激发碳重点排放企业参与市场交易的积极性，从而激励企业开展技术创新和产业结构的升级，推动企业从源头上节能减排。国家电网公司发挥区块链分布式记账、可追溯等技术特性，有效聚合低碳产业链上下游碳配额交易信息，打通碳交易各环节的数据孤岛，应用区块链智能合约支撑双边、挂牌等式的链上碳交易服务，同时借助区块链电子签名技术，确保交易数据可追溯和不可篡改，在每一个环节上保障碳交易的活动的真实可信和安全高效，为碳交易市场构建安全、高效的营商环境。[④]

②区块链为碳交易打造更可视、更可信、更可靠的监管环境。

由于碳排放主体所属行业多元，碳排放评价分析标准不统一，碳排放市场机制不够完善等多种因素，碳交易存在核算难、监管难、考核难等问题。国家电网提出利用区块链技术打造碳交易主体、交易机构、政

---

① 公丕芹：《区块链在合同能源管理和节能技术推广领域的应用研究》，载《中国经贸导刊》2019 年第 20 期。

② 《区块链：换道超车的突破口》，载《人民时评》2019 年 11 月 4 日。

③ 胡志强等：《区块链技术在城市轨道交通的应用研究》，载《机车车辆工艺》2023 年第 1 期。

④ 国务院国有资产监督管理委员会：《央企频繁布局区块链科技创新　国网区块链公司成立》，载《第一财经》2019 年 10 月 31 日。

府等多方共建、灵活互动的碳资产交易模式，实现碳交易从排放权获取、交易、流通，到交易核销、统计的全流程数据上链存储与可信共享应用，[①] 让碳排放配额在"有目共睹"的情况下进行交易，构建各环节、全流程可视的交易监管环境。国家电网作为能源区块链建设的先锋者，深谙区块链技术特性，针对目前我国碳交易市场挑战"对症下药"，打造"区块链+碳交易"网络生态场景。[②]

2. 虚拟环境建设

通过采取案例导入、情景教学等新型教学方法，合理运用信息技术、教学资源、设施设备等进行辅助教学，观看碳交易市场发展等相关视频，创建一个仿真虚拟的"区块链+碳交易"环境，模拟真实的碳市场和交易场景。强化对区块链赋能"双碳"战略的理解和掌握，提升课堂教学效果，凸显先进的教学理念。

基于区块链的碳积分机制，[③] 一般机构和个人如何参与碳排放权交易市场？如果允许它们直接入场交易，需要考虑三个问题。第一，碳排放权定价对专业知识要求较高，一般机构和个人在不具备相关知识的情况下，可能助长市场投机。第二，在碳排放权交易市场发展早期，碳排放权价格不会很高，小额交易在手续费上可能不经济。第三，碳排放权交易市场的管理难度会增加。

借鉴我国 A 股市场的做法，碳排放权交易市场采取会员制，主要面向机构参与者，但参与者群体要在目前基础上多元化，比如吸收银

---

① 马俊杰等：《电力行业落实"碳达峰、碳中和"目标的思考》，载《农村电工》2021 年第 29 期。

② 《国网区块链科技公司推动能源区块链科技成果转化应用》，中国电力网，2022 年 3 月 8 日。

③ 邹传伟：《区块链在碳排放权交易市场中的应用》，中国电子银行网，2021 年 6 月 2 日。

行、证券公司和保险公司等金融机构，让碳排放权交易市场成为金融市场的有机组成部分。一般机构和个人可以通过碳排放权交易市场的一些特殊会员（相当于碳排放权交易市场的证券公司），在全国碳交易注册登记系统实名开立账户，并通过这些特殊会员下单交易。也就是说，碳市场采取直接持有模式。一般机构和个人所持碳排放权由这些特殊会员代为托管，特殊会员本身持有及代客户持有的碳排放权均存记于全国碳交易注册登记系统。在这个制度安排下，碳排放权将真正成为一个可以由大众拥有的主流资产类型。将来，在每个人的金融类 APP 中，除了显示有多少存款、股票、基金和理财产品等以外，也将显示有多少碳排放权。

一般机构和个人除了购买碳排放权作为投资产品以外，还可以通过购买负值碳配额为碳达峰、碳中和做出自己的贡献。目前，已经有很多 APP 帮一般机构和个人评估自己的碳足迹。比如，一次境内旅游会产生多少碳排放，个人可以根据评估结果，通过碳排放权交易市场的特殊会员购买负值碳配额作为对冲。随着全社会绿色转型和发展的意识越来越强，这类应用将会有越来越多的应用场景。

3. 学生角色扮演

分配学生扮演不同的角色，例如，有些学生可以扮演机构，负责发放碳积分，而另一些学生可以扮演碳交易平台的用户，管理碳配额的交易，使学生更好地理解碳市场中各方的利益和责任。

碳积分联盟由一些在社会生活中扮演重要角色的机构组成，比如电网、燃气网络、公共交通网络、家电公司、汽车公司、商场、餐厅以及其他消费场所等。[①] 联盟成员机构运行联盟链，在联盟链上生成并向自

---

① 梁鹏：《数字技术助推碳减排趋势分析》，载《科技中国》2023 年第 4 期。

己的用户发放碳积分。碳积分除了兑换为碳排放权以外没有其他用途，特别是不能直接用法定货币买卖。

联盟成员机构根据自己的用户在相关场景中的行为，参考碳足迹评估结果，授予用户反映碳减排努力的碳积分。[①] 同一机构发放的碳积分是通用的，但不同机构发放的碳积分之间不是通用的。通过智能合约，一个用户可以方便地管理自己持有的来自多家机构的碳积分。一些应用场景可能涉及多家联盟成员机构，它们在智能合约的协助下，能相互不冲突地向用户发放自己的碳积分。

每个联盟成员机构将对用户发放的碳积分累积起来，就反映了该机构在自己的应用生态中推行碳减排的力度，经过量化核证后，就可以与国家核证自愿减排量机制联系起来。联盟成员机构可以由此获得碳配额。联盟成员机构根据用户持有碳积分的情况，将获得碳配额的一定比例兑换并奖励给用户，兑换规则由联盟成员机构自行制定。用户通过不同机构获得碳配额汇集到一起（碳配额是通用的），就能实现"聚少成多"效应，让用户更有动力参与碳减排。"勿以善小而不为"需要经济激励作为支撑。在基于区块链的碳积分中，区块链起到了在不同联盟成员机构之间建立互信的作用。智能合约一方面帮助不同机构并行不悖地运行自己的碳积分体系，另一方面也帮助用户更好地管理自己的多样化碳积分资产。

4. 课程思政元素导入

教学实施过程突出课程思政，通过深入挖掘课程思政元素以及岗位职业道德建设和行业发展需要，结合本课程特点，将保护环境理念等思

[①] 郑荣等：《基于联盟区块链的政府数据协同治理平台框架研究——以全国碳排放权交易市场为例》，载《情报学报》2022 年第 10 期。

政教育有机融入课程教学。

习近平总书记就 2022 年冬奥会做出坚持绿色办奥的重要指示，确保北京冬奥运场馆 100% 绿电消纳。[①] 由国网北京电力制定的基于区块链的绿电溯源机制在"区块链+碳交易"生态场景发布中首次提出。该机制针对冬奥绿电供应链条长、环节多，跨区电力交易数据协作复杂等痛点，依托国内最大能源区块链公共服务平台——"国网链"，将可再生能源发电、配套电网输电、冬奥场馆用电等关键环节数据上链，实现为每一度绿电生成"绿电消纳凭证"，并以市场化直购方式，与北京延庆光伏发电分公司、河北沽源风电有限公司、河北华电康保风电有限公司等远方风电、光伏清洁能源电厂开展绿电交易，其绿电生产、传输、交易、消纳等全流程向政府、社会公众以直观可视化的方式公开展示，将有力确保冬奥场馆绿电信息的查证追溯和公开透明。[②]

截至 2021 年 2 月底，北京冬奥会场馆已累计完成冬奥绿电交易超过 1 亿千瓦时，区块链冬奥绿电溯源系统将实现 4 家可再生能源电厂发电数据、16 家北京冬奥场馆用电数据的接入，为冬奥 100% 使用绿电提供可信证明。"区块链+碳交易"实现为碳交易营造优势市场环境，借助市场"无形之手"激发市场活力，将碳排放配额转化为经济收入，刺激企业升级产业结构，构建经济建设与生态保护并驾齐驱的发展模式，从企业生产源头实现节能减排。

5. 案例分析和讨论

组织同学进行案例讨论，回顾总结课堂知识中的理论和概念，提升学生对知识的消化度和实践运用能力。

---

① 《兑现"绿色冬奥"承诺》，求是网，2022 年 1 月 30 日。
② 《让冬奥场馆的每一度电都有"绿色身份证"》，人民网，2021 年 8 月 9 日。

随着区块链技术在碳交易市场的应用持续深化，碳交易市场的定价标准将逐步合理，参与的企业将感知绿色才是帮助企业更有效率地实现资源配置的方式，他们有望摒弃掉此前粗放型资源排放方式，转而走更加经济、低碳的发展路线。电力、能源等行业已纳入全国碳交易体系，工业制造行业也开始在碳交易市场中小步探索。[1] 在浙江省温州市乐清智能电气小镇的正泰物联网传感产业园中，屋顶光伏、储能间、光储充车棚等绿色场景扮靓了这座现代化工业产业园。[2] 园区绿色装备的背后，碳数据监测分析平台会定期对绿色装备的碳排放数据进行监测、汇总、分析和报告，平台的另一端连着政府、企业、核查机构、咨询机构和监测机构，帮助政府掌握园区碳排放数据和碳排放结构。除了电力、工业制造，石化、交通等领域也是"碳大户"，但目前来看，这些行业主体参与到碳交易市场中的案例还比较罕见。请思考原因。

七、考核与评价方式

依托线上平台和软件工具，运用大数据、人工智能等现代信息技术，强化课前、课中和课后所掌握内容，开展学生自评互评，实现教学实施与育人成效的有机统一。

八、实施成效

（1）大力推进习近平新时代中国特色社会主义思想进教材进课堂

---

[1] 齐旭：《碳交易：区块链初试牛刀》，载《中国电子报》2022 年 7 月 12 日。
[2] 《全国唯一！一个县晋级"国家队"乐清电气产业集群底气何来》，乐清市人民政府官网，2021 年 5 月 23 日。

进学生头脑，持续巩固爱党爱国爱社会主义的思想基础。不断落实社会主义核心价值观教育，加强爱国主义、集体主义、社会主义教育，将社会主义核心价值观融入学生日常。

（2）将知识传授、能力培养、思想引领融入课程教学过程之中，通过课堂主讲、现场回答、网上互动、课堂反馈、实践教学等方式，引导学生分析碳交易难点和创新技术，培养学生分析和解决中国现实问题的能力。

推荐文献

［1］沈辉，李杰."双碳"目标下综合能源服务发展新路径及情景模拟：以雄安新区为例［J］.改革，2022（7）：117-126.

［2］袁莉莉，李东格.基于区块链技术的碳排放机制设计［J］.网络空间安全，2020（2）：111-117.

［3］公丕芹.区块链在合同能源管理和节能技术推广领域的应用研究［J］.中国经贸导刊，2019（20）：66-68.

［4］梁鹏.数字技术助推碳减排趋势分析［J］.科技中国，2023（4）：58-60.

从人民公社到家庭联产承包责任制的政策过程再探讨

主讲教师

曹二保，管理学博士，湖南大学经济与贸易学院副院长，教授，主要研究方向为物流与供应链、数字经济等。

万光羽，管理学博士，湖南大学经济与贸易学院副教授，数字经济系副主任，主要研究方向为数字经济、碳中和、企业运营与供应链等。

一、课程信息

1. 课程名称

博弈论。

2. 授课对象

经济学、国际经济与贸易、数字经济专业本科生。

3. 课程类型

基础型课程。

4. 知识点

纳什均衡的定义及理解；运用定义和划线法求解纳什均衡；纳什均衡在分析理解现实问题中的运用。

5. 教学课时

2 学时。

二、教学目标

1. 知识目标

引导学生理解纳什均衡的定义，掌握博弈模型的矩阵表达形式，能够熟练运用定义以及划线法求解纳什均衡。

2. 技能目标

培养学生分析经济问题的非传统式思维模式，能熟练运用纳什均衡理解和分析现实生活以及社会发展的现象和问题。

3. 思政目标

通过历史事件中"公平与效率"的博弈案例，帮助学生提高政治站位，意识到改革思维在中国特色社会主义道路中的重要性，理解我国制定、颁布、完善、调整各项经济政策的核心要义和精神实质，增强道路自信。

三、教学难点与重点

1. 教学难点

（1）准确提取历史事件中的关键要素进行模型化处理，将理论知识与思政元素紧密融合。

（2）引导学生主动感悟历史进程发展中生产力和生产关系不断调整适应的真理、道理、事理，使其能够用辩证的方法评价历史事件。

2. 教学重点

（1）让学生掌握纳什均衡的含义与划线法的解题思路，能够进一步完善改进纳什均衡收益矩阵。

（2）让学生真正理解思政案例所传达的思政元素，并能够在现实生活中灵活运用。

四、案例介绍

农村集体经济是中国农村经济的关键内容，为实施乡村振兴战略持续赋能。党的十九大报告明确提出乡村振兴战略，并将"壮大集体经济"视作助力乡村振兴的重要抓手。农村集体经济将集体成员所有的资源要素进行整合，视为一个整体，统一经营、精准发力，以实现共同发展的经济形态。中国农村集体经济的体制发展历程复杂，具有多元实现形式。早期，在农业生产合作社和人民公社历程中形成的制度为"三级所有，队为基础"。后期，经过农村改革，以家庭承包经营为基础、统分结合的双层经营体制，又成了中国农村集体经济的基本框架。课程将围绕中国农村集体经济中囚徒困境的产生及其破除方法，融入从人民公社制度向家庭联产承包责任制转变的历史进程，引导学生思考制度设计对均衡结果的重要影响。

1. 人民公社

新中国成立伊始，在社会主义公有制改造的号召下，人民公社制度萌芽。农民自发将其各自所有的生产要素，例如农具、土地等集合起来，视为整体，归集体所有。集体统一发力，有序组织、开展农业生产经营活动。各类由公社、生产队创办的社办、队办企业就是人民公社制的重要体现。人民公社制本质上是高度集中的"政社合一"体制。在人民公社时期，农民失去了对生产要素包括土地、耕畜和生活资料的私人所有权。生产资料和生活资料都归集体所有，实行统一管理经营。从历史的角度看，当时的中国生产力水平有限，农业水平落后，土地集体化，集中力量统一发力的土地制度是符合我国当时国情的选择。人民公社制实施的 20 年间，社办、队办企业蓬勃发展，医疗和水利基础设施建设完善，贯彻落实了国家优先发展重工业战略，为中国的工业化原始积累提供了巨大力量，打开了中国农业现代化转型道路。然而，土地集体制度导致的平均主义也使得农民生产积极性减弱，农民生活水平改善缓慢，农业生产的发展受阻。新的农村土地制度改革势在必行。

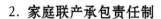

2. 家庭联产承包责任制

1978 年，一场极其罕见的特大旱灾发生在安徽。安徽省凤阳县小岗村的 18 户村民为了应对旱灾，在讨论后达成统一，开始进行农业改革。具体改革措施是"将土地分到到各户，每户进行独立生产，每年上交公粮不变"。随即，队上的生产要素等按人头分到了各家各户，农业"大包干"由此开启。第二年，小岗村的粮食产粮高达 13.3 万斤，实现大丰收。小岗村农业改革的成功之风吹向了中国大地，四川、云南、甘肃等省份也开始采用类似做法，农村土地改革的序幕正式揭开。

但对于各地农村改革的实验的不同看法开始涌现。

1979 年 3 月 15 日，《人民日报》刊发题为《"三级所有，队为基础"应该稳定》的来信。信中认为，"三级所有，队为基础"符合当前农村的实际情况，应充分稳定，不能随便变更。搞分田到组、包产到组，会搞乱"三级所有，队为基础"的体制，搞乱干部、群众的思想。孰是孰非，众说纷纭。关键时刻，中央一锤定音。[①] 1980 年 9 月 27 日，中共中央印发《关于进一步加强和完善农业生产责任制的几个问题》，首次突破多年来把包产到户等同于分田单干和资本主义的观念，肯定在生产队领导下实行的包产到户不会脱离社会主义轨道，没有复辟资本主义的危险。1981 年 10 月中央召开的农村工作会议以及 12 月召开的全国农村工作会议，都充分肯定了家庭联产承包责任制，高度评价亿万农民这一伟大实践。[②]

1982 年 1 月中央 1 号文件《全国农村工作会议纪要》第一次明确地肯定了包产到户的社会主义性质，指出："目前实行的各种责任制，

---

① 1980 年 9 月 27 日，中共中央印发《关于进一步加强和完善农业生产责任制的几个问题》。
② 1982 年 1 月 1 日，中共中央发布《全国农村工作会议纪要》。

包括小段包工定额计酬，专业承包联产计酬，联产到劳，联产到户，包产到户、到组等等，都是社会主义集体经济的生产责任制"，"不同于合作化以前的小私有的个体经济，而是社会主义农业经济的组成部分"。[①] 1983 年中央一号文件明确指出，社队企业要"加强民主管理和群众监督，建立多种形式的生产责任制"。1983 年中央一号文件开辟了农村新的合作道路："根据中国农村情况，在不同地区、不同生产类别、不同的经济条件下，合作经济的生产资料公有化程度、按劳分配方式以及合作的内容和形式，可以有所不同，保持各自的特点。"这个文件成为新集体企业的政策依据。此后，包产到户、包干到户迅速发展。

家庭联产承包责任制根本上体现了农民与生产资料的直接结合。实践肯定了家庭联产承包责任制先进性和科学性，在一定程度上解决了全国人民的温饱问题，促进了农业生产力的发展，激发了农民的生产积极性。根据国家统计局的数据，1979—1982 年，允许家庭承包制在少数地方试点期间，粮食产量年均增长率超过 5%，总产粮增长了 7178 万吨。1982 年，全国推广承包责任制后，粮食年均增长率再次上升，1984 年高达 9%；1984—1989 年，虽然存在波动，但每年粮食产粮都在 4 亿吨左右，能够基本解决全国多数地区温饱问题；2013 年粮食产量高达 60194 万吨。我国农业以占世界 7% 的耕地养活了占世界 22% 的人口。

五、教学方法与手段

1. 教学方法

综合运用启发式、案例式、讨论式等教学方法，针对课程章节内

---

① 1983 年 1 月 2 日，中共中央印发《当前农村经济政策的若干问题》，简称 1983 年中央一号文件。

容，进行启发式提问，鼓励学生从博弈论视角切入，积极思考社会现象。同时，围绕课程知识点，给出典型案例，要求学生就案例主题进行小组讨论和交流，运用本节知识点分析所给材料，结合思政主题发表观点，提升学术素养，培养道德情操。

2. 教学手段

积极运用多媒体与板书结合的教学手段，通过演示 PPT、播放思政案例视频资料、发送雨课堂习题等方式讲解课程知识点和思政案例。活跃课堂气氛的同时，引发学生对囚徒困境产生的根源以及中国土地制度改革的思考。

六、教学实施过程

课程按照"以学生为中心"的教学理念，采用启发式、案例式和讨论式教学相结合的教学模式，根据专业培养目标和课程的育人功能与教学过程中的问题和需求动态丰富教学设计。

1. 知识回顾，引入概念

以经典博弈囚徒困境为例，并用已有所学知识介绍博弈模型的基本元素，并介绍博弈模型的矩阵表达，引入纳什均衡的概念。

纳什均衡是指一种策略组合，在该策略组合上，任何参与人无法通过单独改变自身策略而获益。

2. 知识深化，强化概念

详细介绍纳什均衡的含义，并用划线法求解囚徒困境中的纳什均衡，点明囚徒困境产生的根源是个人理性和集体理性的冲突。

（1）纳什均衡的含义。

纳什均衡是以约翰·纳什命名，指在包含两个或以上参与者的非合作博弈中，多方参与人最终达到的一种特定的策略组合，在这样的一种策略组合中，没有一方参与人能够通过单方的行为改变其自身策略而获得更多的利益。

也就是说，当所有参与人都在一个策略组合中时，其他所有参与人策略都不变时，没有任何一方参与人会有动力改变自己的策略，这时这个策略组合就是一个纳什均衡，即每个参与人的策略都是对其他参与人的最优反应。

（2）如何寻找纳什均衡。

根据定义判断。给定一个组合，判断是否敌不动，我不动。

划线法。最优反应策略是指在其他参与人已经选定其策略的条件下，该参与人的最优策略。过程分为三步：

确定参与人 A 的所有最优反应策略：在支付下划线；

确定参与人 B 的所有最优反应策略：在支付下划线；

确定纳什均衡：所有在两个支付数字下都画线的单元格。

（3）深化理解：个人理性与集体理性。

"囚徒困境"中蕴含了一个重要的问题：个人理性并不一定能导致集体理性。如果两个人都选择抵赖，那么两人都判刑 1 年，很明显这种选择导致的结果会比都坦白两人各判刑 8 年好。但是这个帕累托改进无法实现，原因是不满足个人理性要求，不是纳什均衡。

纳什均衡被学者们看作对亚当·斯密"看不见的手"自由市场经济的重大挑战。因为纳什均衡认为：在非合作博弈中，每个人所选择的最优策略，并不能导致这些人总体上的最优策略，而"看不见的手"

则认为：每个人出于个人利益最大化的理性选择，一定会使社会利益最大化。

3. 知识运用，导入思政

以取消人民公社，建立家庭联产承包责任制的历史现实为背景构建博弈矩阵，通过划线法求解纳什均衡，并进一步对比人民公社制度下和家庭联产承包责任制下的纳什均衡及均衡得益，以个人理性与集体理性的矛盾为切入点，启发学生思考制度改革的必要性和改革方向。

以思政案例为背景构建的博弈分析过程如下：

在人民公社阶段，总产出平均分配给所有劳动者，即"干多干少一个样"。假设有2个劳动者，每个劳动者有努力和偷懒两种选择，两者均努力时的两者收益均为3；一方努力另一方偷懒时，两者收益均为1.5；两者均偷懒时，两者收益均为0。产出分配矩阵的构建步骤如下：首先将两个参与人的行动放在第一列和第一行，劳动者1和劳动者2的两个行动均可以选择努力或者偷懒，左侧第一列即为劳动者1的行动，右侧第一行则为劳动者2的行动。随后根据两个参与人的行动组合所组成的战略填写其所对应的支付，例如（努力，努力）对应（3，3），意为劳动者1选择努力的同时劳动者2也选择努力，此时劳动者1收益为3，劳动者2收益也为3。以此方法建立的劳动者的产出分配矩阵如下：

表1　人民公社阶段博弈产出矩阵

	努力	偷懒
努力	（3，3）	（1.5，1.5）
偷懒	（1.5，1.5）	（0，0）

若努力的成本为2，则实际收益矩阵如下：

表 2　人民公社阶段博弈收益矩阵

	努力	偷懒
努力	(1，1)	(−0.5，1.5)
偷懒	(1.5，−0.5)	(0，0)

接下来用划线法求解纳什均衡。划线法是通过将某个参与人的策略效用两两比较，逐次确定相对优势策略，最终在这种比较中，选择出最优的策略组合。具体方法为：分别找出每一个博弈主体针对另一个博弈主体每一个行动的最大可能得益，在收益下画一条短线。如果某个策略组合的两个收益下都画了短线，那么，这个策略组合就是一个纳什均衡。纳什均衡是指他人行动不变的情况下，没有人有动力去改变自己的行动，或者说，这个行动协议可以自动实施。

若劳动者 1 选择"努力"，劳动者 2 的最优选择是"偷懒"；若劳动者 1 选择"偷懒"，劳动者 2 的最优选择是"偷懒"。同理，无论劳动者 2 选择"努力"还是"偷懒"，劳动者 1 的最优选择都是"偷懒"。由此可知人民公社阶段劳动者的占优策略（无论对方如何选择，个人的最优策略）是"偷懒"，纳什均衡是（偷懒，偷懒），纳什均衡的收益是（0，0），总收益明显低于帕累托最优收益水平（1，1）。这是一种囚徒困境，也就是说，劳动者的个人理性选择导致了集体非理性结果。从集体理性的角度考虑，如果两个劳动者都选择努力，两者收益是（1，1），显然比都偷懒更好。但是从个人理性的角度考虑，没有一个劳动者会选择努力，因为一旦另一方选择偷懒，那么选择努力的一方只能得到−0.5 的收益，而选择偷懒的一方却可以得到 1.5 的收益。所以，两个劳动者都会选择偷懒，导致实现（偷懒，偷懒）的纳什均衡。

囚徒困境揭示了一个很深刻的矛盾，就是个人理性与集体理性之间存在的矛盾。在经济学中，囚徒困境也有着广泛的应用。例如双寡头企业的产量博弈情景。很明显，对于每个企业而言，两个企业联手，形成卡特尔，并选择垄断利润最大化的产量，都可以得到更多的利润。但这并不是一个纳什均衡。

因为如果对方遵守协议，每个企业都会有增产的动机，从而导致每个企业都只得到纳什均衡产量下的利润，也就是严格小于卡特尔产量下的利润。从集体成员的角度思考，尽管利润减少，但从整个社会来说是一件好事。这说明有些情况下，个人与集体理性冲突不一定是坏事，这里的前提是集体成员是全体社会成员的子集合。

从囚徒困境中，我们可以得到一个非常重要的结论：某种制度安排要产生效果的必要条件是：这种制度安排是一种纳什均衡。否则，便无法成立。进入包产到户阶段，实行按劳分配，两劳动者都努力时收益均为3；一方努力另一方偷懒时努力者可以得到全部收益3，偷懒者收益为0，两者都偷懒时两者收益均为0。此时的产出分配矩阵如下：

表3　包产到户阶段博弈产出矩阵

	努力	偷懒
努力	(3, 3)	(3, 0)
偷懒	(0, 3)	(0, 0)

假设努力的成本为2，则实际收益矩阵如下：

表4　包产到户阶段博弈收益矩阵

	努力	偷懒
努力	(1, 1)	(1, 0)
偷懒	(0, 1)	(0, 0)

同样利用划线法求解纳什均衡。若劳动者 1 选择"努力"，劳动者 2 的最优选择是"努力"；若劳动者 1 选择"偷懒"，劳动者 2 的最优选择是"努力"。同理，无论劳动者 1 选择"努力"还是"偷懒"，劳动者 1 的最优选择都是"努力"。类似地，劳动者 2 的最优选择也是"努力"。所以，此时劳动者的占优策略是"努力"，纳什均衡为（努力，努力），纳什均衡结果为（1，1），总收益达到帕累托最优水平。

对比人民公社阶段和包产到户阶段的劳动者策略和均衡产出水平，可以发现，劳动者的占优策略从"偷懒"转变成"努力"。包产到户制度实现了个人理性与集体理性的统一，使均衡从（偷懒，偷懒）转变为（努力，努力），充分调动了劳动者的生产积极性，使均衡状态支付从（0，0）提高到（1，1），提高了总收益水平，破除了囚徒困境，实现了帕累托改进。

4. 知识运用与总结，巩固提高

主讲教师引导学生对本节课的内容进行简单的回顾和总结，但由学生扮演主导角色，加深学生对知识点的记忆。

（1）知识运用。

2020 年 9 月 22 日，习近平主席在第七十五届联合国大会一般性辩论上宣布："中国将提高国家自主贡献力度，采取更加有力的政策和措施，二氧化碳排放力争于 2030 年前达到峰值，努力争取 2060 年前实现碳中和。"[①] 这一重大战略决策不仅是基于实现可持续发展的内在要求，还基于中国推动构建人类命运共同体的责任担当。

中国是当今世界上的第二大经济体以及最大的发展中国家，目前仍致力于全国工业化和城市化的发展，对于能源，尤其是传统化石能源的

---

① 习近平主席在第七十五届联合国大会上的发言。

总需求在未来一段时期内依然会保持增长。按照西方发达国家的发展经验来看，从碳达峰到碳中和，一个国家应有 60 年到 70 年的过渡期，然而目前来看中国仅仅留下了大约 30 年的时间进行过渡，因此，中国在减少温室气体排放方面面临着比发达国家更大的挑战和更高的要求。

假设如下问题背景，请写出博弈支付矩阵，并用本节课所学知识分析。

①中国和美国分别是世界第一大和第二大排放国。

②温室气体会引发全球气候变暖，沿海地区会被淹没。

③假设世界只有中美两国，而且两国完全一样。

④如果一国不减排，得到的好处为 100。

⑤如果一国减排，得到的好处为 50。

⑥如果两国都减排，气候变暖未达到灾害水平，两国损失为 0。

⑦如果一国减排，另一国不减排，中美两国各自要承受的损失为 30。

⑧如果两国都不减排，中美两国各自要承受的损失为 60。

（2）知识总结。

①经典囚徒困境博弈。

②博弈的矩阵表达。

③纳什均衡的定义。

④如何运用定义和划线法寻找纳什均衡。

（3）课后作业。

①请思考如何逃脱囚徒困境。

②请采用所学经济学和博弈论知识分析"教育减负"政策的有效性。

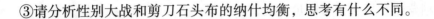

③请分析性别大战和剪刀石头布的纳什均衡，思考有什么不同。

七、考核与评价方式

通过启发式教学、案例式教学等方式让学生参与到课程教学环节之中。开展互动提问环节，设置雨课堂在线习题，检验同学们对本堂课程知识点的掌握程度。

课堂互动问题列表：

（1）从平均主义到包产到户，囚徒困境是如何被打破的？

（2）如果你是村主任，你会采取哪些做法改进生产分配的博弈矩阵？

（3）你对我国经济制度和政策的演变有哪些新认识，欢迎分享。

雨课堂在线习题：

（1）纳什均衡的定义和原理是什么？

（2）囚徒困境的本质是什么？我们可以如何破解囚徒困境？

（3）请用划线法求解下列博弈矩阵的均衡解。

八、实施成效

（1）通过启发式教学、案例式教学等方式能够让学生参与到课程教学环节之中，学生整体参与度高，课堂气氛活跃，师生互动良好，部分同学能结合经济热点话题、身边事作类比，回答问题有深度，对本节内容理解透彻。

（2）教学内容上引入思政案例，打造立德育人新模式，培养学生科学、积极、健康的价值观和人生观，提高学生正确辨识多元价值、意识形态能力，引领学生对多元价值观和社会思潮做出甄别和正确选择。授课学生积极向上，思政素养良好，能结合案例产生意识形态上的共鸣，课堂效果较好。

推荐文献

［1］ Nash J. Non-cooperative games ［J］. Annals of Mathematics，1951：286-295.

［2］ 李绍荣. 西方经济学最优解概念新思考：纳什均衡、帕累托最优与一般均衡三大最优解透视［J］. 经济学动态，2000（9）：61-64.

［3］ 赵山. 纳什均衡与一般均衡的关系研究［J］. 数量经济技术经济研究，2005（1）：138-143.

［4］ 曲吉光，徐东风，姜春. 纳什均衡：民营企业从国有商业银行取得贷款难的经济学解释［J］. 金融研究，2005（1）：154-163.